U0275116

新时代
〈营销〉
新理念

高转化文案这样写

尤 月◎著

清华大学出版社

北 京

图书在版编目（CIP）数据

高转化文案这样写 / 尤月著 . -- 北京 : 清华大学出版社 , 2025.1

（ 新时代 • 营销新理念). -- ISBN 978-7-302-67523-5

Ⅰ . F713.365.2

中国国家版本馆 CIP 数据核字第 2024G7L080 号

责任编辑：左玉冰
装帧设计：方加青
责任校对：王荣静
责任印制：杨 艳

出版发行：清华大学出版社
   网　　址：https://www.tup.com.cn，https://www.wqxuetang.com
   地　　址：北京清华大学学研大厦 A 座　　邮　　编：100084
   社 总 机：010-83470000　　　　　　　邮　　购：010-62786544
   投稿与读者服务：010-62776969，c-service@tup.tsinghua.edu.cn
   质 量 反 馈：010-62772015，zhiliang@tup.tsinghua.edu.cn
印 装 者：定州启航印刷有限公司
经　　销：全国新华书店
开　　本：148mm×210mm　　　印　　张：8.375　字　　数：202 千字
版　　次：2025 年 1 月第 1 版　　　印　　次：2025 年 1 月第 1 次印刷
定　　价：69.00 元

产品编号：107391-01

前　言

高转化文案是"六边形战士"，火力全开！

翻阅本书之前，请你先思考一个问题：文案是什么？

有人说：文案是用于说服他人的商业写作，通过精心挑选的词语来影响受众的感知和行为。

有人说：文案是坐在电脑后面的销售人员，卖货是最重要的目的。

有人说：文案是文字的搬运工，最常用到的就是"Ctrl+C、Ctrl+V"。

文案似乎难以用统一的方式来概括。从文学角度看，它要遣词造句；从市场学角度看，它要推动销售；从广告传播学角度看，它要充满创意；而从心理学角度看，它要洞察人心。

所以，文案到底是什么？如果在文案前面加一个限定条件——"高转化"，它的定义会不会变得更加具体和明确呢？

在我看来，高转化文案可以被形象地称为"六边形战士"，因为它在营销战场上展现出爆表的"战斗力"。这个比喻中的"六边形"并非随意选择，它代表了高转化文案所扮演的六个关键角色，它们各自独立但又相互联系，共同构成了一个坚固的整体。

● **高转化文案是"翻译官"**

这里所谓的"翻译"，并不是语种之间的转换，而是"语言方式"之间的转换。它有且只有一个标准：用"目标消费者听得懂并且喜欢的语言"把产品价值、功能卖点，翻译成消费者能感知到的"好处"。

文案的"翻译"工作背后，是对产品价值的深入解码。消费者购买商品，不仅仅是因为商品本身，更因为商品能够带来的实际益处或解决特定的问题。例如，我们购买一件漂亮的衣服，并非仅仅因为衣服本身，而是因为这件衣服能够提升我们的形象，让我们在社交场合中更加自信。

此时，文案作为"翻译官"，就要把产品的内在价值挖掘出来，用生动的比喻和通俗易懂的语言，向消费者传递产品的核心价值和优势。

● **高转化文案是"针灸师"**

文字的力量可刚可柔，高转化文案就好比"绵里藏针"，借助针灸师的技法，精准地戳中目标受众的痛点和痒点，然后有针对性地刺激，达到四两拨千斤的效果。

它会拨开重重迷雾，准确地定位问题所在，细致入微地触及受众的"痛苦"。它也善于利用文字的魔力，温柔而有力地撩拨受众的痒点，引发他们内心深处的欲望。

● **高转化文案是"设计师"**

高转化文案追求的不只是简单的文字表达，更是通过精心设计和构思，创造出吸引受众兴趣的作品。文案中写的每一句话，用的每一个词语，讲的每一个故事……都应该被精心设计，旨在用文字对产品进行包装美化，以确保它能够准确传达核心信息。

设计文案的过程，可以比作雕琢一件工艺品。每一次构思和创作都需要细致入微，如同艺术家对待其作品一样。我们要不断探索：哪些词语能够更深刻地触动人心？怎样的表述能营造出更强烈的场景感？如何让文案"言之有物"，既有深度又充满力量？

设计文案关键在于捕捉每一个"设计锚点"，即那些能够提升文案吸引力的关键点。这可能是一个引人注意的开头，一个富有洞察力的见解，或是一个令人难忘的故事。通过这些锚点，文案能够从平凡中脱颖而出，展现出其独特的魅力和吸引力。

● 高转化文案是"心理引导师"

高转化文案，就像一位懂得人心、善于引导的情感导师，利用精妙的语言技巧，触动消费者内心的"情绪敏感点"，与用户建立心理上的共鸣和链接。这种共鸣让人们不仅感受到产品或服务的实际价值，更能体验到深层的情感触动。

它通过文字的力量满足大家的"心理诉求"，如好奇心、安全感、归属感、成就感等。甚至会成为消费者的"嘴替"，帮他们把生活中没说的话表达出来，然后一下子冲进人们的心里，让受众一看到便不自觉地感叹："啊，这不就是我想表达的吗？它怎么知道的，怎么这么懂我？"

● 高转化文案是"导游"

经验丰富的导游熟悉每一个景点，了解每一个细节，并能够以生动的方式向受众展示所有的精彩之处。高转化文案也是如此，它对产品有着深刻的理解，对每一个特点、每一个优势都了然于胸。

高转化文案通过文字的力量，激发读者的联想，触动他们的感官。它让消费者能够通过阅读，体验到产品的视觉效果、听觉感受、触觉质地、味觉美感，甚至还有嗅觉体验。这种全方位的感官唤醒，使得消费者即使尚未实际接触产品，也能感受到产品的丰富内涵。

在这样的角色下，文案不仅仅是在描述，更是在绘制一幅幅栩栩如生的画面，将产品的每一个细节转化为读者心中的生动场景。这种从文字到感官的转换，让消费者在阅读的旅途中，已经开始拥有了一场美妙的体验。

● 高转化文案是"策划师"

高转化文案在不同的文字载体中，都扮演着"策划师"的角色，基于对产品的深刻认识和对市场的敏锐洞察，对文字排兵布阵，以达成"战略性"目标。

在营销海报中，它精心搭配内容元素，为产品赋予更多的吸引力和价值。

在短视频脚本中，它巧妙设置场景和情节，生动展现产品或服务的特点与优势。

在种草文中，它化身"用户之友"，与读者分享生活点滴与优质好物，引导用户主动"拔草"。

在各类短文案中，它用言简意赅的语言，与目标用户进行精准且有效的沟通。

当以上六个角色"集于一体"时，高转化文案就如同火力全开的"六边形战士"，"影响力"将会指数级提升。它能够精准而有效地引导用户采取特定的行动，如阅读完整文章，进行购买决策，或将内容分享到社交网络。

从这个角度上讲，"高转化"文案写作，不是营销领域才需要的技能，而是值得每个人掌握的一项能力。大至向投资人介绍创业项目，向客户销售产品，小至在商场讨价还价，基本上都在试图影响他人的行为。

通过将文案转化的技巧迁移到不同的场景中，人们能在最短的时间内用合适的表达呈现出目标物的"价值"，进而引发对方的行为改变。

　　本书通过六章的内容，全面阐述了高转化文案的写作技巧和实战应用。在阅读过程中，你可以体会到高转化文案所具备的"翻译官""针灸师""设计师""心理引导师""导游""策划师"六个角色所发挥的作用。

上篇　文案"热启动"

　　上篇包含三章。**第1章**会将视角瞄准"用户"，探讨如何洞察用户的"小心思"，挖掘他们的真实需求，并唤起他们的情绪与感官体验。**第2章**重点阐述了如何勾勒产品价值，把"卖点"打造为"买点"，并通过包装塑造让产品脱颖而出。**第3章**着重于分阶段地推动用户从认知产品到建立信任，引导用户丝滑下单，完成购买行为。

下篇　实战"促转化"

　　下篇同样包含三章，旨在将文案写作技巧应用到实际场景中。**第4章**为读者提供了文案写作的必备工具箱，从拆解思路到整理素材，再到写作流程，为读者构建了一个系统化的文案写作框架。**第5章**结合不同的文案载体，比如营销海报、短视频带货脚本、金句、标题、故事等，介绍了一些直接可用的文案实战技巧。**第6章**作为压轴章节，探讨了在这波人工智能的浪潮中，如何利用人工智能工具来辅助文案写作，引入了提示词撰写、指令引导、角色共创等方法，让人工智能成为文案"转化"的合伙人。在人力与人工智能协作的未来，我们在文案营销转化上将拥有更大的主动权。

　　因为本人的局限性，本书还有很多不足之处，例如内容的深度可能不够，未能深入涉及一些深刻的文案写作技巧和理论，或者案例的覆盖面有限，无法涵盖所有行业和场景。另外，由于文案写作领域不断发展和变化，本书可能未能涵盖某些新兴的文案写作技巧或趋势。还请您在阅读的过程中不吝赐教，我会努力改进。同时，愿本书能为您提供一些思考与启发的空间。

祝阅读愉快！

目　录

上篇　文案"热启动"

下篇 实战"促转化"

上篇
文案"热启动"

第1章

锁定"用户视角",启动
文案转化

1.1 心理解码：洞穿用户的"小心思"

想必很多人对"消费者的消费行为是其消费心理的外化"这句话印象深刻。我们知道，消费者的内在心理状态会直接影响他们的购物行为。他们会不会产生消费行为，很大程度上都是他们内心的想法在发挥作用。

正如克劳德·霍普金斯在他的经典著作《科学的广告》[①]中所描述的："文案的成效在于引发读者购买欲望，而这种欲望通常源于触及了消费者某种本能心理需求。"因此，着手撰写文案之前，我们必须深入研究可能影响消费者消费行为的固有心理，因为从销售角度来看，每发现一个本能心理，就意味着找到了一个激发用户购买欲望的因素。

本章将从好奇心理、补偿心理、从众心理三个角度入手，深入探讨高转化文案是如何利用并满足消费者心理需求的。

1.1.1 好奇心理，填补消费者的"知识缺口"

好奇心理，是指人们对新奇事物和现象产生特别注意和偏爱的心理倾向。好奇心与生俱来，人皆有之，人们总会对那些少见、超常、新鲜、奇异、独特的事物表现出浓厚的兴趣，并有着非常强烈的探知欲望，追求感觉上的愉悦和满足。

好奇心源自人们的"知识缺口"，它产生于所知与未知的中间

---

① ［美］克劳德·霍普金斯. 科学的广告 [M]. 上海：上海文化出版社，2019.

地带。当我们对某事充满好奇却无法得知答案时,就会产生一种难以忍受的渴望,犹如身上痒,迫切需要抓挠来缓解。为了消除这种不适感,有效的办法就是填补消费者的知识缺口,满足其好奇心。

在生活中,我们经常遇到一些现象。例如,尽管观看糟糕的电影是一种煎熬,但我们仍然会耐心地坚持看完,因为看不到结局会让人感到沮丧。又如,我们对足球比赛充满兴趣,总是想要知道最终的胜者是谁。再如,阅读侦探小说时,我们总是渴望揭开谜底,找出真正的凶手。这些现象都说明了人们对结局与答案的好奇心。

在文案创作中运用"知识缺口理论",一个非常有效的策略是"布设悬疑"。无论是写长文案还是短文案,"悬疑"都能有效地吸引读者的注意力,勾起他们的好奇心。比较下面两句文案:

A. 分享给你 10 种营销总监"实战心法"。

B. 揭秘 10 种不为人知的营销总监"实战心法"。

显然,第二句文案更能够激发读者的兴趣,因为它使用了"揭秘"和"不为人知"两个悬疑词语。这不仅提升了营销总监"实战心法"的神秘感,也引起了读者的好奇心,促使他们想要深入了解。

写文案时,我们可以通过"制造矛盾、抛出疑问、设置反差"等方法来"布设悬疑"。下面将详细解释每种技巧的具体应用。

1. 制造矛盾

文案在缺乏引人注目的矛盾情节时,可能会在人们的视线中迅速溜走。一旦文案中有建立明显的矛盾对立关系,它将会勾起读者的好奇心,促使他们寻找答案,以解答心中的疑惑。

比如:

"她的英语那么烂,却能通过美剧说一口地道的英语,逆袭学霸的秘密揭示!"

"在工厂流水线上的她，究竟是怎样在短短45天内获得四份互联网大厂录用通知的？"

"拿着2500元月薪，他竟然游遍了整个欧洲，这位00后是如何做到的？"

从这些例子中，我们可以提炼出一个实用的文案公式：【糟糕的开局】+【让人羡慕的结局】。从"开局"到"结局"的转变，展现了人物经历的两种截然不同的状态。通过在一个人身上制造矛盾，增强了文案的戏剧效果，成功抓住了消费者的好奇心。

2. 抛出疑问

根据神经语言程序学（neuro-linguistic programming，NLP）倡导者的说法，提问会在读者大脑里创造出所谓的"开环"。想学习怎么创造"开环"吗？想看个例子吗？（小提示：我刚刚创造出来的开环。）如果你做出了肯定的回答，想知道这两个问题的答案，那么，我已经成功地在你的大脑中"设置"了一个"开环"。

根据这个假说，人们一旦设置好"开环"，大脑就会为了让这个"环"闭合而不断搜索信息。因此，提问是一个激起人们好奇心的有效方式。所以，我们会经常在文章中看到"为什么""怎么了""如何"等提问的字眼。

例如，某款电饭煲的文案开头是："问你一个问题，当你下班回来饥肠辘辘，忍不住吃土时，你用什么喂饱自己？"某款祛痘洗面奶的文案开头是："当你一上火脸上就起痘痘，稍不注意面部毛孔总爱发炎，你用什么办法呵护皮肤？"

在开场设置"提问"，能迅速吸引读者的注意力，将其带入特定的情境，开始思考这些问题。

"抛出疑问"的悬疑方式，如一道引人入胜的谜题，在激发读者好奇心的同时，也将成为引领他们深入阅读文案的钥匙。

3. 设置反差

人类大脑对于有反差、有对比的事物,会格外地关注。在文案中设置反差,可以十分有效地引发读者的好奇心。常见的反差形式有常识反差与逻辑反差。

常识反差,通常是找到消费者已经成为共识的部分,以此为"基点",反其道而行之,讲违背常识的内容,以此吸引人的注意力。

比如,从小我们听到的是"洗头发",久而久之,都认为这是理所当然的。然而,某个洗发水品牌却走了另类路线,用"洗了一辈子的头发,你洗过头皮吗?"颠覆了几百年来人们只关注头发而忽略头皮护理的观念,提示消费者只有清洗头皮才能根本解决洗头问题。

这个例子展示了如何运用常识反差来打破人们的习惯思维,引导他们重新考虑并认识问题,从而产生新的见解和兴趣。

又如:"你有见过不用充电的电动车吗?它既不用充电也不用烧油,却能一直保持强劲的动力。你再也不用每天到处找充电的地方,再也不用担心骑到半路断电推车回家。这是一种什么样的电动车?"

这是一种典型的"颠覆常识、打破认知"的写法。按照我们的常规认知,既然叫电动车,当然每天要充电,所以当出现一种号称不用充电的电动车时,任何对电动车感兴趣的消费者都会被吸引,想要深入了解这款创新产品。

逻辑反差,通过呈现与预期相反的内容来吸引人们的注意力,类似于"神转折"。这种手法首先设定一个预期(你以为我会说A),然后突然转到一个意想不到的方向(实际上我要说的是B),从而打破人们的第一预判,带来一种新鲜感。

有个民间经典小故事，很贴切地演绎了逻辑反差中的"神转折"效果。故事是这样的，明代解缙给一位老太太祝寿，他上来就说了一句："这个婆娘不是人。"这可把老太太的脸气绿了，大家也吓个半死。没想到，他随后补了一句："九天仙女下凡尘。"反夸了一波，逗得大家哈哈大笑，松了一口气。

谁知他紧接着又说了句"儿孙个个都是贼"，让气氛再次降到冰点。最后，他再次添了句"偷得蟠桃奉至亲"，化解了气氛，逆转了场面。

运用逻辑反差，人们能写出很多有趣的文案：

"夜深了，我拿起了电子阅读器，盖在了泡面上。"

"就算失败了九十九次，也要再努力一次，凑个整数。"

"明日复明日，明日何其多。既然这么多，不如再拖拖。"

在品牌文案中，加多宝的"对不起"系列广告是运用逻辑反差的典型案例。如图 1-1 所示，这一系列的广告看似在道歉，实则透露出品牌的自信和霸气。在凉茶市场中，这种独特的表达方式赢得了消费者的好感，让人们在惊喜和好奇中记住了加多宝这个品牌。

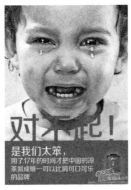

图 1-1　加多宝"对不起"系列文案

在文案中，布设悬疑是填补消费者"知识缺口"的关键，更是开启他们好奇心的钥匙。通过制造矛盾、抛出疑问、设置反差等布设悬疑的方法,我们能引导读者积极探索答案,深入了解产品和服务。

1.1.2 补偿心理,让消费者理直气壮地"下单购买"

补偿心理,是一种自我调解的方式,通常表现为:我们在感受到种种不适或不满后,努力通过各种方式来平衡内心,以减轻或抵消这些负面情绪。举个例子:假设某人为了实现某个目标付出了很多努力,但结果仍然不如预期。在这种情况下,他可能会寻求某种形式的补偿,以此来调和自己的感受。

在补偿心理的推动下,消费者会采取一种称为补偿性消费的行为。他们通过购买各种产品来满足内心深处的需求,这些需求往往是由某些心理上的缺失或自我感受到的威胁所触发的。简言之,"购物"成为一种情感调节的手段,用于填补他们心理上的需求空缺。

利用补偿心理来撰写文案,核心策略是帮助消费者为他们的购买行为找到正当的理由,并鼓励他们坚定这一理由,以减少购买时的犹豫不决。尽管消费者经常会为自己的购买行为找到理由,但他们更渴望得到他人的支持和认可。

为此,我们可以营造出一种"身不由己"的外部环境或氛围,使消费者认识到他们所处的环境可能并不总是那么理想,从而激发他们自我关怀的意识,进而将我们要卖的产品或提供的服务变成引导他们犒劳自己、补偿努力的方式。

举个例子:某女性公益活动,旨在让更多女性花 6 分钟筛查宫颈癌,以减少终身风险。海报上写什么样的文案,才能让女性产生"我已为他人付出太多,该关心自己了"的念头?文案如下。

女人一天 24 小时，1440 分钟，

花了 183 分钟照顾小孩，

480 分钟努力工作，

240 分钟买菜，

大部分时间给了别人……

从现在我们提醒每个忙于照顾别人的女人们，

每年空出 6 分钟给自己。

女性公益活动

花 6 分钟筛查宫颈癌，防护一生

此文案选择从料理家务、买菜、照顾家人等女性常见的挑战性任务进行切入，通过强调女性在家庭和职场中承担的多重角色和付出，提醒她们在繁忙的生活中也要留出时间关注个人健康。通过这种方式，文案鼓励女性"对自己更好一些，抽出 6 分钟进行宫颈癌筛查"。

补偿心理较适用于享受型商品的文案写作。这类商品包括按摩椅、洗碗机、扫地机器人、按摩床垫等。文案目标是让潜在买家深信，购买这些商品不是在浪费金钱，而是对自己辛勤付出的一种奖励，从而化解他们在购买时的负罪感。

以"美即面膜"的文案为例，其内容巧妙地运用了补偿心理，强调了自我关怀的重要性。文案如下。

每天走失在忙碌和幻象中，记得回到自己的世界，给自己 15 分钟，感受美丽·每天·美即时刻。

图 1-2 所示的"蚂蚁花呗"系列文案，鼓励消费者不要妥协，好好补偿自己，活出精彩。

图 1-2 "蚂蚁花呗"系列文案

这些文案通过巧妙的表达,向消费者传递了深切的关怀,有效地抚慰了他们的情感。这正是运用补偿心理撰写文案的魅力所在。

补偿心理不仅可以用来鼓励受众犒劳自己,还可以用来提醒他们犒劳他人,尤其是自己的亲人。例如,途牛旅游网的文案是:"时光匆匆,不要让妈妈的足迹只是家到菜场,一起陪伴她把生活的半径一点点加长。"这提醒作为子女,我们应该通过陪伴母亲旅行来表达感激之情,从而激发了用户对途牛旅游网服务的需求。

如图 1-3 所示,OPPO 的文案是:"你有好玩的就 PO 朋友圈和好友分享,孩子有好玩的,只想到跟你分享,放下手机,'手'护亲情。"通过这句话,OPPO 触动了父母对孩子的愧疚感,并触发了他们想要补偿的愿望。

图 1-3　OPPO 文案

补偿心理是一种有效的消费诱因，也是深入消费者内心的重要途径。在撰写文案时，我们可多结合产品去揣摩受众背后的心理需求。当文案能够准确触及他们内心深处的"敏感点"时，它才能有四两拨千斤的效果。

1.1.3　从众心理，让消费者不由自主地"买买买"

在日常生活中，我们经常可以看到这样的现象：餐馆林立的街道上，人们更倾向于选择那些顾客盈门、需要排队的餐厅，因为普遍的观念是，如果一家餐厅排长队，那么它的口碑和食物质量应该是值得信赖的。同样，网上购物时，面对搜索页中成百上千的商品选项，许多人会根据销量排行榜做出选择，因为高销量往往被视为一种信任的标志。

这些现象都是从众行为的体现，其背后的驱动力是从众心理。这种心理使得个体在作决策时会考虑他人的行为和观点，以避免偏离主流。

《影响力》[①] 一书中提到了"社会认同原理"，它有助于解释从众现象。心理学家罗伯特·西奥迪尼通过研究人们使用毛巾的行

---

① ［美］罗伯特·西奥迪尼. 影响力 [M]. 北京：中国人民大学出版社，2006.

为,揭示了社会规范如何影响个人行为。设想这样一个场景:

你住在一家五星级酒店里,刚洗完一个奢华的澡,用超大的浴巾包裹着自己,感受着柔软的触感。就在准备跨出浴缸的时候,你看到了一个标识牌,上面写着:"保护环境,请重复使用毛巾。"

面对这个请求,你会做出怎样的选择?是将毛巾挂起来以待下次使用,还是随意地扔在浴室地板上?

接着,想象在同一个酒店房间、同一个浴室、同一条毛巾的情况下,标识牌上的内容有所不同。这次,标识牌不仅建议你重复使用毛巾,还附加了一句话:"根据统计数据,曾住在这间房间的旅客多数选择了重复使用毛巾。"那么,你会把毛巾挂起来,还是扔在地上呢?

人们在亚利桑那州几家酒店的旅客身上试验过。当标识牌内容改变后,愿意重复使用毛巾的旅客增加了 3%。这个结果揭示了一个深刻的社会心理学现象:**我们往往会下意识地模仿他人的行为,无论是有意还是无意,我们会参考周围人的行为来决定自己的行动。**

将从众心理融入文案中,能大大增强读者的信服度。以下是两种常用的杠杆点,用于撬动读者的从众行为。

杠杆点一: 畅销

如果要推广的产品有着不错的市场成绩,你就可以直接列出销量、用户量、好评量等数据。这些数据能引发消费者的从众心理,让他们产生"既然大家都在用,我也去试试"的想法。

比如,大家熟悉的"香飘飘奶茶一年卖出七亿多杯,杯子连起来可以绕地球十圈""凉茶饮料领导品牌,每卖十罐凉茶就有 7 罐加多宝"。通过展示产品的受欢迎程度,文案设计者不断鼓励消费者加入庞大的用户群体中。

但如果产品的销量在一些大型的电商平台尚不能名列前茅，那么可以缩小市场范围，找到局部市场，强调产品在较小的电商平台或特定的细分市场中的高销量排名。或者，从产品所创造的其他数据上，营造畅销的感觉。

比如，小米扫地机刚上市一年的时候，在销量上低于传统的扫地机器人企业，但小米很聪明地换了一种说法。它的文案是："米家扫地机器人上市一周年清扫总面积9亿平方米，相当于126050个足球场，用户遍布87个国家和地区。"

尽管文案里没有提到高销量，但消费者看到"9亿""126050个""87个国家和地区"等显著的数字时，潜意识里可能会认为这款扫地机在全球非常受欢迎，进而对它产生信任感。

同理，如果一些小众产品在销售数据上没有震撼性，我们可以通过突出其高好评率和高复购率等其他数据来凸显产品的价值。这同样能有效触发消费者的从众心理，减少他们决策时的顾虑。

在强调产品畅销时，文案内容应该尽量做到具体和客观。比如写"全民疯抢"，就不如"新开团购不到1小时，2000件马上就秒光"具体、可信；写"美妆达人最爱款"就不如"日本美妆专柜长期断货款，一上架就被秒杀"具体、可信。文案中，写清具体的时间、具体的销量，才能更快地赢得消费者的信任。

杠杆点二：消费者证言

想一想，我们平常买东西是不是也会着重看消费者评价呢？这一行为的背后也是从众心理的体现。最让人信服的文案，莫过于消费者的现身说法。

当然，展示消费者评价不要简单地用"很好""很棒""很好用，棒棒哒"等泛泛之谈。相反，评价应该与产品的核心卖点紧密相关。比如，某款面膜的优势是"补水、美白"，如图1-4所示的两条消费者评价就正中靶心。

前段时间熬夜加班久,皮肤变得很差,用了这个面膜一星期,皮肤重新变得很滑嫩!同事还问我最近怎么皮肤变好了?哈哈!

爱美的女生一定要试试这款,真的很保湿,晚上敷完面膜,第二天感觉脸还是很嫩,果断再囤几盒!

图 1-4　面膜产品的消费者评价

利用消费者证言,是一种巧妙的文案策略。它可以帮助我们以一种低风险且高效益的方式传达产品的优势,不仅能够增强潜在顾客的购买意愿,还能建立起宝贵的信任。

综上所述,策略性地运用畅销和消费者证言两个杠杆点来触发人们的从众心理,不仅是一种营销技巧,更是对消费者心理的深入探究。这些方法能够显著提升目标客户的信任感和购买动机,为产品或服务的转化带来显著的正面影响。

1.2　需求挖掘:深挖用户"需求落脚点"

文案是坐在键盘后面的销售人员,通过文字来销售要卖的产品。文案很重要,但卖货更核心,想要卖好货,重中之重就是唤醒客户需求,因为 1 个真实的需求等于 1 个无法拒绝的购买理由。

文案者的圣经《全球一流文案:32 位世界顶尖广告人的创意之道》[①] 中说:"深入了解消费者的需求,永远是写文案的第一步。如果不能洞悉客户的需求、焦虑和渴望,只会在文案中用苍白的口

---

① 英国设计与艺术指导协会 . 全球一流文案:32 位世界顶尖广告人的创意之道 [M]. 北京:中信出版社,2013.

号告诉别人'这款手机很好用'，可能带动的销售利益微乎其微。"

需求源自人们内心的欲望。何谓欲望？它是指当某种需求未得到满足时我们所感受到的驱动力。例如，当感到饥饿时，我们会有进食的冲动，从而激发食欲；当穿着不舒适的鞋子时，我们会有寻求舒适鞋子的驱动力，激发购买新鞋的欲望。

《吸金广告》^①中提到了"八大生命原力"（Life-Force 8，LF8），如图 1-5 所示，包括如下八个方面的欲望。

生存/享受生活/延长寿命　　享受食物和饮料　　免于恐惧/痛苦/危险　　寻求性伴侣

追求舒适的生活条件　　与人攀比　　照顾和保护自己所爱的人　　获得社会认同

图 1-5　八大生命原力

这些欲望已经进入我们每个人的生理程序。当我们唤起任何一个欲望时，它就创造了一种动力，激励我们尽快采取行动以满足欲望。

撰写卖货文案时，我们可抓两个"落脚点"来刺激消费者的欲望，以创造购买需求。一种是从负面刺激购买欲，即寻找让人不得劲的"痛点"，告诉他们没有这个产品，生活会有多么糟；另一种是从正面唤醒购买欲，即抓住令人向往的"痒点"，告诉他们拥有了这个产品之后，生活会有多美好。

如何巧妙地运用"痛点"和"痒点"来写文案，以更有效地激

---

① ［美］德鲁·埃里克·惠特曼．吸金广告［M］．江苏人民出版社，2014．

发消费者的购买意愿呢?关键在于引导消费者关注他们自身,而非我们所销售的产品。通过让他们识别到问题的存在或者辨识出潜藏在脑海中的欲望,我们可以达到这一目的。

为什么一定要先让消费者关注自己而不是产品呢?

现代人每天接触数以千计的广告信息,然而,这些信息能够在人们的大脑中被关注和记忆的却寥寥无几。这实际上是因为人的注意力是有限资源,通常人们更倾向于将精力集中在与自身相关的事物上,而忽视那些看似与自己无关的信息。

因此,撰写文案时,如果不从消费者本身出发,就很难抢夺他们的注意力。即便产品的卖点再突出,如果与消费者自身没有关联,也很难激发他们的兴趣,引起他们的情感共鸣。

如果一个服装品牌想要突出其"时尚、款式多样"的产品卖点,可能会使用这样的宣传语:"站在潮流尖端,万款风格任你挑选。"这种表述直接让消费者先关注产品。

然而,如果我们换一个角度,让消费者首先关注自己,可以这样写文案:"去年的衣服已配不上今年的我。"比较两种文案,哪一句更能触动人心?很明显,第二个文案更吸引人,因为它将焦点放在了消费者身上,强调了他们的变化和成长,提升了他们的自我意识。

许多文案之所以难以打动消费者,是因为它们没有首先引导消费者关注自己的需求。如果消费者没有意识到自己生活中的问题,以及内心深处的需求和渴望,他们往往就不会有采取行动的动力。因此,在撰写文案的过程中,如果我们能够将"痛点"和"痒点"的呈现建立在消费者的自我关注基础上,就能更紧密地将消费者与产品联系起来,激发他们的购买热情。

1.2.1 捕捉"真痛点"，过滤"伪痛点"

人们的需求常常通过"戳痛点"被唤醒，文案撰写的核心在于精准地识别消费者在日常生活中遇到的具体问题、困扰或挑战，并通过有吸引力的方式展示产品如何有效应对这些难题。

然而，我们时常会被"伪痛点"所迷惑。所谓"伪痛点"，是指虽然被标榜为问题，但实际上却不是消费者真正关心的问题。把"伪痛点"写在文案中，可能导致文案难以与消费者产生共鸣。

以某公司推出的新型电动牙刷为例，它试图用以下文案来激发用户的购买兴趣："××电动牙刷，为解决你的刷牙难题而设计，告别手动刷牙的烦琐，短短两分钟清洁你的牙齿，让你拥有清新口气和健康笑容。"

尽管这个文案提到了"手动刷牙的烦琐"这一痛点，但人们读后感觉并不强烈，似乎并未深入触及消费者的真正困扰，缺少了应有的冲击力。那么，要如何过滤掉平平无奇的"伪痛点"，直击"真痛点"呢？

"真痛点"通常具备如下两个特征。

一、要让人有高感知频率

判断一个"痛点"是否真正有效，关键在于它被激活的频率高低，即消费者在日常生活中是否频繁地遇到这个问题，以及他们所处的情境是否经常导致这个问题显现出来。

以上文的电动牙刷为例，由于我们每天都需要刷牙，牙刷成为一个使用频率极高的个人护理工具。如果选不好牙刷，很容易滋生口腔细菌，引发口气甚至牙疼等问题。

手动牙刷在清洁牙冠、牙背和牙缝等区域时，往往存在死角，难以彻底清洁。每当你早晚都要花费 3 分钟乃至更长的时间手动刷牙,手臂刷到酸楚,却总感觉牙缝里还是残留着微小的细菌,口腔还是充斥着异味,是不是会很抓狂,有种把牙刷扔掉的想法。

这就是高频的痛点,人们每天都会经历。捕捉到这个痛点后,我们可以将电动牙刷的文案迭代到 2.0 版本,更有效地突出这一问题,让读者深刻地理解购买和使用电动牙刷的必要性。如下所示:

"你的牙齿是刷白了,还是白刷了?手动牙刷的清洁盲区导致细菌滋生,持续的口气问题让你犯难。别再容忍!选择××电动牙刷,每次仅需 2 分钟,无死角彻底清洁牙齿,让你口香无蛀牙!"

这个版本的文案是否更贴合消费者的心声?将痛点转移到手动牙刷本身,通过直接指出手动牙刷的不足,文案巧妙地突出了电动牙刷的主要优势,激发读者对升级口腔护理体验的意愿。

二、要和人有很强的因果关系

只有当一个问题引发了我们不愿面对的直接后果时,它方能真正戳中内心,成为痛点。在文案中,我们可以通过强调这些后果的负面影响,来加深消费者的危机感。这样的策略不仅能够提醒他们问题的严重性,还能激发他们解决问题的积极性。

还以电动牙刷为例,相比手动刷牙的不便,手动刷牙可能引起的口气问题是否更让人感到困扰?基于此,我们进一步把文案迭代到 3.0 版本。

"别掩饰,难闻的口气不是食物残留的错,而是因为手动刷牙无法消除所有细菌。别让口臭变成你的'社交紧箍咒',让清新的呼吸与自信的笑容成为你的新标配。现在,选择××电动牙刷,仅用 89 元,让你口香无蛀牙,与世界亲密接触。"

通过以上优化，文案不仅凸显了频繁出现的痛点，还明确了问题与后果之间的直接联系，为促成人们做出购买决策打下了坚实的基础。

在文案卖货中，"伪痛点"虽能被包装为问题，但往往力度不足。相反，"真痛点"具备高频共鸣和存在因果关系的特质，以更加深度的"洞察"，将消费者的需求与产品特性紧密联系起来，从而更有效地激发读者的购买意愿。

1.2.2 "痒点"驱动，唤醒向往的力量

如果痛点是"必须要"，那么痒点就是"想要"。它是用户内心对美好事物的向往。在消费场景中，很多广告文案会利用人们欲望的投射，巧妙地在产品宣传中设置痒点，营造出引人入胜的场景。

痒点类的文案改变了传统文案"你必须拥有我"的逻辑，转而向消费者传达："有了我，你的生活将更加美好。"举例而言，我们都要用手机，但并非所有人都会选择购买美颜手机。然而，当一则广告声称："两千万柔光双摄，照亮你的美。"即便是原本只想购买普通手机的用户，为了能有更好的出片效果，也会被这样的文案所吸引。

在"痒点"的驱动下，消费者每一次花出去的钱都是在为想要的世界投票。这意味着，我们要对他们进行"蓝图描绘"，展示他们想要的世界、想看的形象，不需要劝说性的观点或证据，就能满足他们的渴望。

我们不妨留意一下，奢侈品广告中使用的劝说性文字极少，它们会呈现一个精心制作的形象来引发人的欲望，进而促使消费者对广告所宣传的产品产生情感反应。

在文案带货中,我们可以通过生动的场景描绘或引人入胜的故事叙述,来营造一个令人向往的美好生活画面,放大人们内心的憧憬,并将产品巧妙地融入其中。这种方法能够在更深层次上触动用户的情感,进而引发他们对产品的真实需求和渴望。

1.2.3 三大刺针,穿透消费者的"痛点"

几乎所有的产品都是为了解决特定问题或满足某种需求而设计的。例如,汽车能够带来交通的便捷性,空调能够消除炎热带来的不适,含氟牙膏帮助我们预防蛀牙等。然而,对于许多产品而言,消费者的需求可能并不明显,或者他们内心没有强烈的匮乏感。

因此,从负面去刺激消费者,让他们意识到"痛点"的存在,进而对产品产生购买需求,是一种提高销售效果的有效策略。因为人类天生对痛苦非常敏感,文案如果能够像刺针一般触及读者的敏感点,就很容易赢得他们的关注,引发他们的兴趣。

图 1-6 所示的"三大刺针",能帮助我们穿透消费者的"痛点",更加精准地与目标受众沟通。

图 1-6 穿透消费者"痛点"的"三大刺针"

刺针一:打开理想与现实的缺口

利用"痛点"来写文案,一个有效的方法是突出现实和理想状态之间的明显差异,打开理想与现实的缺口。我们可以通过打破现实与理想之间的平衡,即提高理想状态或降低现实状态,让消费者深刻感受到他们尚未得到满足的需求，由此产生一种缺失感。

接下来，文案要成为一座桥梁，积极地帮助消费者弥合这一差距。我们不仅要呈现出问题，更要提供解决方案，激励消费者采取行动达到自己的理想状态。

以一个生活中常见的例子来阐释：现代人越来越注重养生，尤其是对"早餐"的选择非常讲究。我们理想中的早餐应该既营养丰富，又种类多样。然而，现实中的早餐选择往往不尽如人意。一方面，市场上出售的早餐通常不够健康，而且种类选择有限；另一方面，自行准备早餐既费时又需要一定的烹饪技术，使得许多人不得不选择外购早餐。

这种默认的选择与消费者对理想早餐的期望之间存在明显的不匹配，甚至产生了矛盾。基于这种情况，如果我们要为一款新上市的多功能自助早餐机撰写宣传文案，便可用目标受众的现实选择与理想期望之间的鸿沟为切入点。或许可以写为：

早餐发愁吃什么？

点外卖太油腻

自己做太费时

×××早餐机，你的全能料理伙伴，让美味时刻一触即发！

1分钟烤面包、3分钟煎蛋、5分钟煮面、8分钟煮火锅

让点外卖的"将就"升级为摄取营养的"讲究"

让晨起烹饪的"仓促"升级为享受美食的"从容"

据此，我们提炼出一个有效的文案公式：**痛苦的现实状态＋解决方案带来的理想状态**。文案首先应凸显消费者在某种场景或特定状态中持续存在的痛点，然后围绕这一痛点，提供切实可行的解决方案。以下是运用此公式的文案示例。

痛苦的现实状态：头发一掉一大把，发丝干枯，头皮发痒？

解决方案带来的理想状态:用 ×× 洗发液,一周就长出了新头发。

这种文案策略不仅与消费者建立了情感共鸣,还为他们描绘了一个通过使用我们的产品或服务即可实现的理想图景,有效增强了文案的吸引力和说服力。

刺针二:兜售恐惧,打动用户的"鳄鱼脑"

在文案创作中,引发受众的"恐惧"是常被运用的策略之一。当人们体验到恐惧时,大脑会本能地启动警戒机制,驱使我们远离潜在的威胁。这种现象,部分是由于人类大脑中的"鳄鱼脑"在发挥作用。

如图 1-7 所示,所谓的"鳄鱼脑",实际上是对我们大脑脑干部分的一个形象比喻。这一部分的大脑在爬行动物时期就已经形成,它负责指引我们对基本感官刺激做出直接反应,类似于鳄鱼的行为模式。鳄鱼仅依赖这一层大脑运作,没有情绪和理智的参与,仅对外界刺激做出反应,所有行为都基于本能。

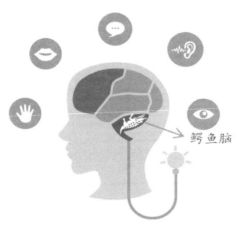

图 1-7 "鳄鱼脑"在大脑中的位置

"鳄鱼脑"是个很原始的器官,是原始进化活动的直接结果。

它能对外界情况做出"战斗"或"逃跑"的反应，具有维持人体基本生存的功能。我们许多根深蒂固的心理行为特征，实际上都源自大脑的这一部分。

写文案时，我们可以向受众兜售恐惧，打动他们的"鳄鱼脑"，刺激他们对恐惧做出本能的应激反应。如何写出恐惧文案呢？我们可以遵循一个核心原则：**说出"可怕的真相"，展现"严重的后果"。**

如果我们要推广"喷雾消毒剂"，可以说的"真相"是："你的家是一个藏污纳垢之地，里面有数百种细菌，当孩子在厨房地板上爬来爬去、将塑料玩具塞进嘴里时，细菌正伺机感染他。"

可以展现的"后果"是："一个细菌的细胞在 24 小时内就能分裂形成 800 多万个细胞，用肉眼无法看见的各种微生物能导致形形色色的疾病，包括流感、脑膜炎、各种皮肤病、肺结核，以及其他许多疾病。"

如果我们要推广"床品"，可以说的"真相"是："不管你多么频繁地清洗床单，你的床都是昆虫的繁殖场，上面挤满了成千上万可憎的、形如虱子的尘螨。它们气势汹汹地占领你的枕头和床单，在上面产卵。"

可以展现的"后果"是："当你睡觉时，它们却醒了过来，开始到处跑来跑去，吃你的皮肤碎屑，吸你身体的水分，让你和家人饱受身体瘙痒的困扰。"

通过揭露"可怕的真相"和"严重的后果"，它会给读者带来"恐惧的压力"。此时，如果我们再巧妙地植入"解决方案"，就能够将读者的注意力和需求引导到特定的产品上。如果这个产品能够缓解读者的恐惧，解决他们的问题，那么他们对拥有这个产品的欲望将会变得更加强烈，后续的购买行为自然会水到渠成。

刺针三:把"损失厌恶"的情绪拉满

人们天生对损失有着强烈的反感。当面对等额的收益和损失时,损失给人带来的负面感受大约是同等收益正面感受的 2.5 倍。这意味着人们对于损失的敏感程度远超过对收益的感知。在很多情况下,人们采取行动的主要动机是避免不利后果的发生,而不仅仅是追求正面结果。

在营销文案中,我们通常只需向消费者传达这样一个简单的信息:使用我们的产品能够防止之前遭受过的不良后果再次出现,或者不使用我们的产品可能会导致某种损失。

以尚德教育的宣传为例,他们的文案采用了直接而有力的"警示性"措辞来促进行动:"曾经错过大学,别再错过本科。""这个世界,正在残酷惩罚不愿意改变的人。"这些文案的目的在于唤醒人们对于错过机会的认识,鼓励他们珍惜现在,通过学习和自我提升来塑造一个更好的未来。

对于电商平台的文案,常见的"天天打折,每天一个超级折扣单品"已经难以激起消费者的强烈反应,因为持续的折扣促销已让他们感到麻木。此时,利用"失去感"来刺激消费者的行动可能更为有效。因此,文案可以重新构思为:"昨天,iPhone 6s 便宜了 1000 块,可惜你没来——每天上 ×× 网,不再错过重要折扣。"

经济学中的"机会成本"概念在这里同样适用,选择了 A 就要放弃 B 或者 C,放弃得越多,说明机会成本越大,承受的"损失"就越多。在文案创作上,为了唤起消费者对"避免损失"的深层需求,我们不应该只单纯强调产品的优势和特性,更有效的做法是,将"机会成本"的理念巧妙融入文案之中,以此激发消费者对损失的警觉,并促使他们采取行动减少潜在的损失。

以某款洗碗机的文案为例："一年光洗碗时间要花掉将近350个小时，为什么不用来陪孩子？"这个文案的要点在于，购买洗碗机，将能够避免原本需要投入的大量洗碗时间，即时间上的"机会成本"。相反，我们可以将这些宝贵的时间用于更有价值的活动，比如与家人共度美好时光。

知名主持人蔡康永写过一组给残酷社会的善意短信，其中一段文案巧妙地运用了人们对"损失"的厌恶心理，激起了读者的紧迫感和危机意识。内容如下。

15岁觉得游泳难，放弃游泳

到18岁遇到一个你喜欢的人约你去游泳

你只好说"我不会耶"

18岁觉得英文难，放弃英文

28岁出现一个很棒但要求会英文的工作

你只好说"我不会耶"

人生前期越嫌麻烦，越懒得学

后来就越可能错过让你动心的人和事

错过新风景

这段文案是否触动了你的焦虑，让你迫切想要立刻开始学习新技能？每一句都踩在人们对于"损失"的敏感点上，激起了人们想要改变自我、抓住机会的强烈欲望。

通过分析这些文案示例，我们可以提炼出一个高效的沟通技巧：警示潜在的损失和强调机会成本，唤起消费者的紧迫感。这个技巧不仅增加了产品的诱惑力，更重要的是，它唤起了消费者对于积极改变现状的强烈渴望。

1.2.4 从心动到行动,逆向思维挠"痒点"

"痒点"代表了用户对理想生活的追求和向往。这种向往本身是无限的,但个人实现这些愿望的能力却是有限的。在追求美好事物的过程中,如果用户发现需要付出巨大的代价,并且难以看到明显的成效,他们很可能会失去动力,打"退堂鼓"。因此,我们经常观察到以下现象。

- 以学习英语为例,每日背单词和学习语法的重复劳动很难持之以恒。对于那些日常工作中并不使用英语的人来说,他们可能会以"没有时间"为由,逐渐放弃学习。
- 减肥同样充满挑战。它要求我们坚持运动、控制饮食,甚至可能需要报名参加昂贵的健身课程。这些要求不仅费时费力,还可能面临效果反弹的风险。很多人在不确定自己能否坚持到底的情况下,最终选择了放弃。
- 追求美丽也需要持续地努力,如每天早晚护肤和购买高效的护肤产品,这些都需要投入时间和金钱。面对这样的日常开销,不少人也会选择放弃。

在文案写作中,我们与其想着如何说服消费者购买,不如采用逆向思维,深入探究消费者为何不买。很多时候,"不买"源自所需付出的代价过高。消费者心中既有着变得更好的愿望,同时又希望过程能够"省时省力"。这种既想改善现状又不愿付出太多努力的矛盾心理,往往阻碍了他们做出购买决策。

基于对以上心理的洞察,一些培训机构推出很多拆分的更精简、更易读的课程,并打出"每天 5 分钟,轻松学 ××""每天半小时,弄懂一本书"等文案口号。这样的策略不仅迎合了消费者对时间和效率的重视,也满足了他们对学习和成长的渴望,成功吸引了众多客户愿意为之付费。

很多减肥类产品也是如此，没有直接从产品维度进行功效说明，而是逆向思考消费者为何在减肥过程中放弃。常见的原因包括减肥效果缓慢、难以抗拒美食诱惑、缺乏运动时间或意愿、不愿意放弃夜宵等。

正是基于这种对消费者"既想拥有健康身材，又不愿放弃生活享受"的两难心理的理解，减肥产品的文案直击要害："不用节食和运动，一个减肥贴，2个月轻松减15斤。"这样的"痒点文案"不仅降低了减肥的复杂性，也直接回应了消费者的内心需求，提供了一个看似简单有效的解决方案。

要有效触发消费者的购买意愿，关键在于挖掘并解决他们内心的犹豫和障碍。这需要我们运用逆向思维，深入探究消费者对购买说"不"的真正原因。一旦识别出这些障碍，我们就能更有针对性地打倒这些"拦路虎"。

这种方法不仅能够唤起消费者内心的"痒点"，更能清除阻止他们做出购买决策的障碍，激励他们从心动走向行动。

1.3 情绪唤醒：为用户带来"情绪价值"

资深产品人梁宁说过："情绪是一个人的底层操作系统，是人做一切事情最根本的驱动力。"与需要深思熟虑的知识不同，情绪是一种即刻的体验。

在消费者行为中，大多数购买决策往往是由"感性情绪"而非"理性逻辑"所驱动。正如《销售脑》[①]一书中所述："无论何时，当

① ［美］帕特里克·任瓦茨，克里斯托弗·莫林.销售脑[M].杭州：浙江人民出版社，2014.

我们经历强烈的情感时,大脑会产生一种像鸡尾酒一样的混合型荷尔蒙,它们可以帮助记忆或触发决策。"

文案作为连接商品与消费者的介质,要善于和目标消费者产生情感上的共振。相较于纯粹的理性陈述,情感驱动的表达更能触动人心。例如,用一万个字描述食物多么好吃,就不如一句"每次点了垃圾外卖,都好想念妈妈的味道"来得走心。当一件商品能够满足消费者的某些情感需要,它在消费者心中所占据的地位将远超商品本身的物质价值。这种情感上的共鸣,将商品转化为一种情感的延伸,成为消费者情感表达的一部分,从而赋予商品更加深刻的意义和更高的价值。

1.3.1 捕捉"情绪敏感点",找到产品链接点

我们每个人都会经历一系列共同的重要时刻,这些时刻往往与"亲情、友情、爱情"三个核心情感主题紧密相连。从迈入学校的第一步、体验初恋的甜蜜,到 18 岁的成人礼、大学毕业的激动时刻,再到步入职场的挑战,每一个这样的节点都可能引发人们强烈的情感波动。

这些情感波动涵盖了一系列的感受:有时是突如其来的喜悦,有时是不经意间的孤独,有时是被忽略的温情,有时是职场挫折带来的疲惫。这些感受,虽然复杂多变,但却都是我们情感体验中真实而敏感的触点——"情绪敏感点"。

不管我们为何种产品写文案,都需要细致地探索产品,使用"情绪显微镜"从中捕捉那些能够引起消费者共鸣的"情绪敏感点"。这要求我们深入挖掘消费者记忆中的情境,寻找产品与他们情感之间的深层联系,接着化身"闺蜜",去呵护对方的脆弱,理解对方的痛苦,参与对方的快乐,懂得对方的落寞。

例如：若要给一个"电灯泡"写推广文案，那么我们很快能联想到，买电灯泡这一消费行为与"家"的关系，电灯泡发出的光与家的温暖可以紧密联系起来。对于每个人而言，家是那个能够让人完全放松、提供舒适慰藉的避风港。我们仰望星空，心中所想的往往是家中那盏温馨的灯光。因此，文案或许可以写为："灯亮更像家，与家的温暖是同款。"

若要给一款"蒸汽眼罩"写文案，我们可以在蒸汽眼罩这样的商品中找到"爱自己"的情绪点。长时间工作后的眼睛疲劳，提醒我们需要自我关怀。使用蒸汽眼罩，就像为双眼做一次舒缓的按摩，让人得到真正的放松。那么，文案可以写成："不要让眼睛的疼痛成为你停下脚步的唯一信号，休息不是放弃，而是为更好地前行充电。带上眼罩，歇一会儿。"

触及人们内心深处"情绪敏感点"的文案，能够为产品赋予更深层次的情感价值，使得商品在顾客心中不再只是一个简单的物品，而是转变成一位"懂自己、有血有肉、有温度、有个性"的伙伴。它能够触及并抚慰顾客内心最柔软的角落。当顾客在情感上获得共鸣和满足时，他们自然会毫不犹豫地选择购买，这时文案的使命便成功达成。

1.3.2　对准"核心情结"三要素，增强"感受等级"

很多文案虽然向用户传递了情感，但是这种情感止于肌肤，无法渗透骨髓，给用户带来的感受等级非常低，无法在他们心中激起任何波澜。面对这一挑战，我们可以向著名文案作家迈克尔·马斯特森"偷师"。如图1-8所示，他提出：要从人们的三种"核心情结"入手来写文案，这三种"核心情结"是信念（Beliefs）、感受（Feelings）和渴望（Desires），简称BFD。

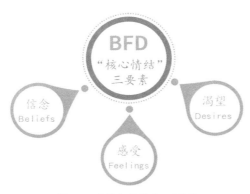

图 1-8 "核心情结"三要素

1. 让"信念"得到表达

信念是指消费者相信的东西，文案若能成为消费者信念的代言人，精准地表达他们的内心世界，便能轻易触动他们的情感，引发共鸣。在文案创作中，我们可以通过两种方式与消费者的信念产生共鸣：一是肯定并支持他们所认同的理念；二是代表他们发声，反对那些他们不满或反感的现象。这样的策略能够有效地赢得消费者的认同感。

很多与运动相关的产品会从"信念"的角度来写文案，比如：

耐克："伟大的反义词不是失败，而是不去拼。""裁判能决定你的成绩，但决定不了你的伟大。"

KEEP："哪有什么天生如此，只是我们天天坚持。""自律给我自由。""用热汗挑衅人生短暂。"

红牛："你的能量超乎你的想象。"

这些文案可圈可点，传达了坚定的信念，读起来很"燃"。当消费者选择购买耐克运动鞋或者使用 KEEP App 时，不仅是在进行消费行为，更是在无声地展示自己的生活态度和个人追求。这时，物品并非只是物品，而是构成人们定义自我的一部分。

有"信念感"的文案会洞察到消费者的人生观、价值观，为

31

他们提供精神上的鼓舞。这种文案甚至勇于挑战传统观念，打破限制，代表消费者发声，对抗那些根深蒂固的常规思维。

许多消费者可能在内心坚信自己的理念，但在表达这些理念时却常常感到语言无力。此时，文案便成为他们有力的代言，采用第一人称，帮助消费者反击那些世俗的偏见、束缚和不公。以下是几个代表性的文案示例。

豆瓣："有人驱逐我，就有人欢迎我。"

苏宁易购："佛系玩家，暴躁玩家，都是我购物前的冷静，购物时的任性，都是我。"

如图1-9所示，钉钉"创业很苦，坚持很酷"系列："主动妥协的人不配幸运。""别人只看到我很惨，我却明白自己的使命感。""输不丢人，怕才丢人。"

图1-9　钉钉"创业很苦，坚持很酷"系列

这些文案通过强有力的第一人称叙述,直接触及消费者的内心,展现了他们的信念和个性,同时也挑战了那些限制思想的传统观念。它们不仅为商品与消费者之间建立了一种"伙伴关系",更让消费者对产品背后所承载的理念产生了共鸣。

2. 让"感受"得到治愈

感受是指消费者内心的情感体验,例如喜悦、忧伤、愤怒、讨厌、恐惧、惊讶、羞愧、同情、妒忌、满足……文案如果能对消费者的感受进行治愈,则可以提升消费者的内心能量,影响他们的购买行为。

现代社会,生活如此多"焦",焦虑已成为很多人内心的常态。在这样的心绪面前,"治愈系文案"备受欢迎。治愈系文案从消费者的情感需求出发,通过暖暖的文字,为产品增添一分抚慰人心的能量。

如图 1-10 所示,蚕丝被名品钱皇(KINGSILK)就以一个女性的视角,写下了一段段"被治愈物语"。内容如下。

三年的爱情扑了空,但愿一觉醒来就能往事随风。

一千五百方的办公室压得喘不过气,摔进被子里才松一口气。

心心念念他在多远的未来,睡好美容觉,会来的总会来。

他怕热,我怕冷,幸好被子里不分春夏秋冬。

看着小负担的甜睡模样,舍不得他承受多一点点的重量。

重返职场竟比十年前还忐忑,好在软软的被子让我安心入睡。

这些文案通过回顾女性在人生不同阶段的睡眠与成长,唤醒她们关于被子的温暖记忆。从被子的温度,到人心的温度,文案中流动着的治愈性情感,能够吸引那些情感丰富、追求高品质生活的女性。

文案可以依据不同的产品类型,从不同的切入点来化解人们内心不同侧面的焦虑。以下是几个具体的例子。

图 1-10　钱皇（KINGSILK）"被治愈物语"

化解"容貌焦虑"的文案："有皱纹的地方，表示微笑曾在那里待过。"——植观·自然日记

化解"人际焦虑"的文案:"独处不一定酸楚,也可以和自己相处。"——百雀羚

化解"知识焦虑"的文案:"没有人是无所不知的,知识真正能带给我们的无非是,不害怕未知。"——得道 App

这些文案采用饱含温暖的话语来疗愈人心,简称"话疗"。它们引导读者逐步摆脱各种焦虑的枷锁,赋予他们一种深度的舒适感。通过这样细腻入心的沟通方式,文案不仅仅是文字的表达,更成为一种情感上的慰藉,一种精神上的支持。

3. 让"渴望"得到诉说

渴望代表了消费者内心深处的期望。我们无一例外地渴望温暖、自由,以及健康和财富。文案若能准确把握并表达出消费者的这些渴望,便能深刻触动他们的情感。

以在大城市奋斗的年轻人为例,他们中的许多人梦想着在这座城市"安居",拥有一个温馨的家。许多房地产公司正是洞察到了这一点,在其宣传文案中巧妙地描绘了年轻人对于大城市房产的渴望,以及这种渴望与现实之间的差距。例如:

别让这座城市只留下你的青春,却留不住你。

这城市万家灯火,有哪一盏是为你而明?

会包容的小户型,才装得下不讲道理的爱情。

这些文案以扎心的语言,增加了消费者的感受等级,并在不知不觉中强化了他们对家的向往。它们不只是文字,更是激励年轻人将内心梦想转化为实际购房行动的催化剂。

尽管我们已进入人工智能时代,文案创作可以借助大模型来生成,但文案的意义远不止于文字的编排。它是一种深刻的社会心理洞察,一种对群体意识的精准传达,一种能够引发共鸣和行动的力量。

真正能打动人的文字还是需要"人"去创造，因为只有人，才能深刻地理解并共鸣于他人的情感。"核心情结"三要素中的信念、感受和渴望为文案创作提供了强有力的支点，帮助我们与受众建立紧密的联系，并驱动他们形成强烈的情感共鸣。

1.3.3　触动心窝，让用户在文案中"看见自己"

共鸣感是某件事触及人们记忆中的情境时产生的感同身受的情绪。许多电影和小说之所以能引起强烈的共鸣感，是因为它们通过描绘相似情境，唤起了观众或读者记忆中的体验，从而营造了一种积极的情绪反应。

有共鸣感的文案能让读者在文字中"看见自己"。它巧妙地触及消费者的记忆、认知和个人经历，呈现出一种消费者感到熟悉和认同的状态。当读者阅读完这样的文案后，他们往往会在心中默默感叹："啊哈，这说的就是我啊。"自然而然地将文案内容与自己的生活经验相联系。

如何写出有共鸣感的文案，一个便捷的方法就是在文案中设置一个主人公。这个主人公既可以是第二人称的"你"，也可以是第一人称的"我"。通过呈现这位主人公的焦虑、恐惧、喜悦、面临的问题等情感体验，我们可以增加文案的情感深度，拨动读者的共鸣心弦。

1. 从"你"出发：设计与目标受众相似的角色，帮助他们连接过去的记忆

我们通常会对与自己相似的人或事有亲切感，因此，在为产品撰写文案时，关键在于激活它与受众之间的相似性。通过在文案中设计一个与目标受众有着相似背景和经历的角色，我们可以连接他们过往的记忆，营造似曾相识的亲近感。

以 999 品牌的广告短片《健康本该如此》为例,这部短片精准地捕捉了现代年轻人的亚健康生活状态。通过在文案中塑造一个代表"现代年轻人"的角色——"你",它成功地拉近了公司产品与观众的距离。以下是该广告中的一些文案摘录。

你在朋友圈出售了一张闲置年卡,电梯坏了,你自嘲说今天可算运动了一次。

你敷着最贵的面膜,熬着最长的夜。

听说手机屏幕辐射大,你换了张绿色的壁纸。

你在凌晨三点转发遥远城市有人猝死的新闻,再给自己定了五个起床闹钟。

你听闻某个朋友得了癌症的消息,难过之余,开始有点担心自己。

……

相信很多年轻人看到这些句子都心有戚戚,会产生深深的共鸣。其实,引发共鸣的并不是文案,而是文案中所展现的"真实经历"以及"生活中酸甜苦辣咸的各种味道"。正如有一句话所说,"这世界本就没有任何一句话,可以让人醍醐灌顶。真正叫你醍醐灌顶的,只能是你自己的一段经历、一个想法。就好像炸弹早就埋在你心中了。那句话,只是在火药仓库内划燃的一根火柴"。

2. 从"我"开始:以第一人称说说"心里话"

如何让写的东西打动人心?《全球一流文案:32 位世界顶尖广告人的创意之道》一书给出了答案:"想象一个你希望打动的人,在脑海中勾勒出他的模样,感受他的情感与想法。幻想此人坐在你对面,而后你就用文字来对他说话。"这个答案背后体现的是"好文案是与一个人的对话,而不是对一群人的广播"。

若想在文案中营造出与读者的对话感,那么,请用好"第一人称（我）"。第一人称带有强烈的主观感受，承载着独具个性的情绪情感。当读者通过"我"的视角来阅读文案时，他们会感觉像在"聊天"，而非在读干巴巴的广告。这种亲切的交流方式能够使读者更加自然地接收文案所要传达的信息，并迅速激起共鸣。

翻看以往著名的文案，使用第一人称的方法屡见不鲜。如图 1-11 所示，文案大师大卫·阿伯特为芝华士撰写的《父亲节》文案，堪称经典之作。让我们欣赏其中的一些精彩片段。

图 1-11　芝华士《父亲节》广告

因为你，我已相识一生。

因为一辆红色的 Rudge 自行车曾经让我成为整条街上最幸福的男孩。

因为你允许我在草坪上打板球。

因为你过去常常把抹布缠在腰间在厨房里跳舞。

因为有我，你的支票簿总是不得空闲。

因为在我需要时,你总会在我的身边。

因为你允许我犯错,却没有一次责备说"我早说过会这样"。

因为你依然假装只有在阅读时才需要戴眼镜。

因为我本应言谢,却涩于言表。

因为今天是父亲节。

因为如果你都受之有愧,还有谁配得上皇家芝华士?

这篇文案以大卫·阿伯特与父亲之间的亲情故事为核心,将阿伯特对父亲的深情"心里话"娓娓道来。通过生动的叙述,读者仿佛在故事中看到了自己的影子,自然而然地在心中生发起强烈的共鸣与感动。

这正体现了大卫·阿伯特的文案哲学:"把自己放在作品里,用你的生活去活化你的文案,如果有什么感动了你,那么就有很大机会,也会感动别人。"

接下来,让我们继续欣赏支付宝在其十周年之际推出的宣传片文案。全文如下。

2004 年,毕业了,新开始。支付宝最大支出是职业装,现在看起来真的很装。

2006 年,3 次相亲失败,3 次支付宝退款成功。慢慢明白,恋爱跟酒量一样,都需要练习。2009 年,12% 的支出是电影票,都是两张连号。全年水电费有人代付。

2012 年,看到 26 笔手机支付账单,就知道忘带了 26 次钱包,点了 26 次深夜加班餐。2013 年,数学 23 分的我,终于学会理财了,谢谢啊,余额宝。

2014 年 4 月 29 日,收到一笔情感转账,是他上交的第一个月生活费("包养"你)。

每一份账单,都是你的日记。

10 年，3 亿人的账单算得清，美好的改变，算不清。

支付宝，10 年知托付。

这则以"账单日记"为主题的文案，精心串联了一个普通人的重要生活时刻：求职、相亲、奋斗、恋爱、成家。它用充满情感的语调和朴实的语言，讲述了支付宝十年来陪伴用户的温馨故事，见证了用户的成长。文案并未直接夸赞支付宝的强大，而是通过一个普通用户（我）的视角，展现了支付宝在日常生活中"润物细无声"的力量。

情感作为人类珍贵的力量，蕴含着无与伦比的爆发力。在文案创作中，将产品或服务与情感表达巧妙结合，是一种强有力的营销策略。它不仅能够帮助用户缓解内心的负罪感，还能让他们的小情绪得到释放，孤独感得到治愈，最终找到一份珍贵的归属感。

1.4 感官调动：给用户"沉浸式"体验

人类所有的体验都始于感官的感知：我们用嘴巴去品尝食物的美味，用鼻子去识别独特的气味，用眼睛去分辨缤纷的色彩，用耳朵去聆听悦耳的声音，用身体去感受不同的触感。正如《感官品牌》[①] 一书中所述："我们对世界的理解都是通过感官来完成的。无论是过去还是现在，感官都连接着我们的记忆、深入我们的情感。"

用"文字"来打开受众的"感官"是一件困难的事，因为文字有天然的劣势，它无色、无味，没有触感，并且大部分情况下相当抽象。不过，文字也有天然的优势，它柔软可塑，如果运用得当，寥寥数笔就能构筑庞大的想象力宫殿，令人回味无穷。

撰写产品文案时，我们的任务是在一个个温吞的文字上营造出感

---

① ［美］马丁·林斯特龙.感官品牌 [M].天津：天津教育出版社，2011.

官的想象力,以彰显文字的优势,打破信息传递间的壁垒。一段具备感官想象力的文案,宛如一位经验丰富的向导,带着受众在各种感官体验的世界中畅游。下面,请大家系好安全带,"感官文案之旅"即将启程!

1.4.1 调动味觉,让味道触动舌尖

每个人身上大约有一万颗味蕾,这些微小的感官不仅分布在舌头表面,还隐藏在喉咙、上颚等地方,"味道"就是数万颗味蕾一同起舞时的感官盛宴。所谓的"味觉文案",就是通过精细入微的味道描述,激发读者的味觉想象,即使没有实际的画面和气味,也能让人舌苔生津。

"味觉文案"通常出现在美食描述中,该如何书写才能让读者垂涎欲滴呢?秘诀在于"制造味觉的细节感",通过细致描绘食物的质地、温度、风味等细节,让读者在心中构建出食物的形象,激发他们的食欲。

美食纪录片,如《人生一串》《舌尖上的中国》《风味人间》和《天下一锅》等,总能以其旁白深深吸引观众。随便摘录一段旁白,比如对"北方火锅"的描述,就能勾起人们的食欲:"如此美妙的羊肉,在铜锅里欢腾雀跃,锅中捞出,如美人出浴,再来些酱料,浓妆艳抹。一口下去,幸福感油然而生。口口绵软,肉香满满。"

读到这里,你是否已经不由自主地"咽口水"了?我们在描述食物的时候,细节越生动,文案就越吸引人,读者的大脑会自动构建出一幅幅诱人的画面。

又如,给"煎饺"写一段美食文案,不应仅仅满足于"香脆好吃"的描述。相反,我们可以这样表达:"吃煎饺的时候,内馅柔润得好像要化掉一样,每嚼一口,嘴里就溢满了鲜汁,微麻微辣的

风味，轻轻地刺激着舌头。"

给"芋圆甜品"写文案，也不应止步于"香甜可口"的描述，而应当极力去描绘来自舌尖味蕾的形象感受，可以这样写："咬开的红豆有沙沙的颗粒感，芋圆温吞而柔软，新鲜的芒果汁攻占口腔，绵绵冰沙瞬间驱走满身倦意，各种口感踩着轻快的步伐纷至沓来，味蕾一刻也不能停歇。"

用文案刻画食物细节时，我们可以运用"通感"的手法，打破语言的限制，激发读者对食物的全新感受。"通感"是一种独特的心理现象，它指的是一种感官的刺激能够引发另一种感官的体验。

例如，某些人在看到特定的数字或字母时，可能会联想到特定的颜色；或者在听到某段音乐时，能够感受到似乎与之相匹配的形状或质地。这种跨感官的体验，为我们提供了一种独特的表达方式。

在文案创作中，我们可以通过将听觉、视觉、嗅觉、味觉和触觉的体验交织起来，以感觉写感觉，增强文案的立体感和生动性。譬如，我们说"柠檬很酸"，但无法体会它是怎么"酸"的，如果这样描述呢？

"你现在手里正拿着一个青色的柠檬，外表看起来水灵灵的，很新鲜。你用一把小刀轻轻切开柠檬皮，露出淡黄的果肉，柠檬汁沾满了你的手指。你拿起一片汁液欲滴的柠檬放在嘴边，用力一挤，青涩的柠檬汁滴在你的舌尖上，那酸味儿够劲，一种解渴的感觉迅速传遍全身。"

怎么样？嘴里是不是有酸酸的感觉了？这是以"视觉"写"味觉"的通感笔法。再以撰写一款水果蛋糕的文案为例，我们可以巧妙地结合视觉、嗅觉和味觉，通过感官之间的相互转移和加强，创造出一个多层次、充满活力的感官体验。

"打开盒子的一刹那,看到一层层颗粒饱满的芒果粒、草莓粒、蓝莓粒铺在慕斯上,好像来到了热带果园;隔着老远,都能闻到一阵阵果香气息扑面而来,让人迫不及待地用银质的勺子挖出一口放进嘴里;奶油像冰激凌一样满口化开,细腻如丝,每一口都是对味蕾的陶醉。"

通过这种写作技巧,我们不仅能够生动地传达出品尝美食时的愉悦感受,还能在读者心中勾勒出一幅栩栩如生的美食画卷,激发他们的感官想象。

1.4.2　调动嗅觉,让气味碰到鼻子

人类平均每天呼吸 2 万次,每一次呼吸都与嗅觉紧密相连,嗅觉是我们原始且根本的感官之一。不仅如此,嗅觉还具备一种非凡的能力——能够唤起深刻的记忆。正如黛安·艾克曼在《感官之旅》[①]中所描述的:"触动嗅觉防线,记忆就会瞬间爆发。一种复杂的景象就会从灌木丛中跳出来。"

人们以往会低估嗅觉的力量,但其实气味对我们的生活影响很大。研究指出:"消费者如果身处宜人气味的环境,像是充满了咖啡香或植物香气的空间,不但心情会变好,也可能让他们的行为举止更为迷人,甚至出现利他的友善表现。"这表明气味对人的情绪和行为有着直接且深刻的影响。

曾经,洗涤产品如洗衣液和沐浴露的广告焦点主要集中在其去污和清洁功能上。如今,只需在电商平台上简单一瞥,我们就不难发现"香味"已经变成这些洗涤产品的主打特色。诸如"比香水还好闻的洗衣液"或"留香持久的沐浴露,自带体香不是梦"等文案,正变得越来越常见。

---

① ［美］黛安·艾克曼 . 感官之旅 [M]. 北京:时报出版社,2018.

在推广产品时，气味的作用不容小觑，它能够显著提升消费者对产品的了解和认知。然而，将这种无形的香气通过文字传达，引发读者的感官体验，却是一个不小的挑战。为了捕捉并表达这种香气，我们可以尝试以下两种方法。

一方面，使用"正在进行时"营造气味的实时感，把读者拉入气味刚出现的场景中，原原本本展现气味出现的那一瞬间，唤起读者的嗅觉记忆。

想象一下：剥橘子皮时迸发出的清新香气，沿途无意闻到的桂花香，刚修剪过的草坪散发出的草香，烤箱中曲奇饼干的诱人甜香，上楼时闻到的蒜蓉炒肉的香味……这些熟悉的气味，只需轻轻一想，便能再次体验。它们能够迅速而直接地让人们勾勒出鲜明的图像和形成深层的情感，感觉仿佛触手可及。

另一方面，赋予气味以"动作"，让气味在文案中活灵活现，仿佛它们具有了自己的生命。正如宋代诗人陆游所描绘的"花气袭人知昼暖"，用一个"袭"字生动地表达了花香的浓郁，如同具有攻击性一般，趁人不备时扑面而来。

恰当地使用动词，能显著增强气味的表达力，让读者感受到香气的活力和强度。例如，为"水蜜桃"写气味文案，可以这样描述："××水蜜桃，软而多汁，指尖轻轻一掐，汁水就溢满手心，甘甜的芬芳缠绕指尖，仿佛凝固成桃子味的香膏，满手尽是果香气息。"其中"缠绕"一词的使用，让气味动了起来。

同样地，为一款"口罩清新剂"撰写的文案，也可以采用这样的手法："把这个清新剂喷到口罩内侧上，像是在口罩里内置了一个新风系统，柠檬薄荷味跑进鼻子里，一呼一吸都很舒心。"在这里，"跑进"一词的使用，让气味有了动感。

总结来说，通过将无形的"气味"转化为读者可见、可感的描述,我们能够轻松地激发读者的想象力,加强他们的代入感,还能进一步加深他们对产品的感知和记忆。

1.4.3 调动听觉,让耳朵参与对话

如果用文案来描述"声音",最经典的莫过于美国营销大师爱玛·赫伊拉说的这句话:"不要卖牛排,要卖滋滋声。"这里的"滋滋声",不仅仅是声音,它还代表了牛排的诱人之处。设想一下:当香喷喷的牛排一上桌,我们听到焦黄的肉汁上面传来悦耳的油爆声,自然而然地让人垂涎三尺,认为牛排一定非常美味。这是利用听觉来放大产品价值的重要例证。

听觉作为人类感知世界的重要方式之一,已经伴随人类数百万年,我们的大脑对其极为适应。相比之下,文字语言仅有几千年历史。因此,在写文案时,如何将文字以一种更加自然的方式啪啪说进读者的脑子里呢?答案其实很简单:就是在文字中加入"对话",让文字自然地流动起来。

接下来,让我们通过扫地机器人和蓝牙耳机两个产品的文案对比,直观地感受普通文案与对话式文案的不同(见表 1-1)。

表 1-1　普通文案和对话式文案的比较

产品类型	普通文案	对话式文案
扫地机器人	××扫地机器人,强有力的清扫力,超低噪声	忙你的吧,家务交给它,××扫地机器人
蓝牙耳机	××蓝牙耳机,音质好,携带方便,外型美观大方	猜一猜,耳机线在哪里

我们可以看到,对话式文案通过更加生动的语言和直接的互动,让人在脑海中产生一种对话的声音,看文字的过程似乎变成了聊天的过程,不会让人疲倦。这种文案方式不仅能够吸引读者的注

意力，还能提高他们的阅读愉悦感。

撰写吸引人的对话式文案，关键在于模仿自然对话的流畅性和亲切感。以下是几种常见的方法。

一、使用人称代词

人称代词，如你、我、他、你们、我们、他们的使用，会给文案增添一种亲切感，同时能令所传达的信息快速抵达读者的内心。比较下面两句文案。

第一句："孩子不爱学习怎么办？"

第二句："问你个问题，你家孩子不爱学习怎么办？"

你会被哪句话吸引？大多数人会选择第二句，因为第二句的观感更像在跟你说话，仅仅是因为文案中加了"你"字，就提升了文案中的聊天感。

二、使用简短、简单的词汇

文案的效力在于其简洁与直接。长篇累牍往往让人感到枯燥，难以吸引人们持续的注意力，也更容易引起阅读疲劳。相比之下，简洁的语言不仅易于记忆和理解，更能够迅速传达核心信息。以雷军的名言为例，"站在风口上，猪也会飞"，这句话以其直白和生动，远比"抓住时代的机遇，我们就能扬帆起航"更加深入人心。

撰写文案时，我们应该追求简洁和通俗易懂。使用简短的句子和简单的词汇，不仅能使信息的传达更加突出，避免冗长的句子造成信息的湮没，还能够提升文案的可读性，增强其传播力。

三、多用疑问句和读者互动

向读者提问会建立一个二人对话的隐性"互动场"，让文案看起来就像对某一个特定的人说的，读者会跟随文案的思路不断在内心回应："噢噢，原来如此！""对，我也是这样……""哦？那要怎么办呢？"例如："你有多久没有读完一本书了？""你是否每天忙忙碌碌，基本没有自我充电的时间？"

有问必有答，"疑问"能紧紧地牵引读者的思路，引发思考和探究。当读者带着疑问寻求答案时，他们就会自然而然地继续阅读下去，这种现象被形象地称为"滑梯效应"。此外，采用问答形式的文案能够营造出一种友好的对话氛围，就像朋友间的轻松聊天，你一言我一语，让交流变得生动而有趣。

以介绍一款手机拍照功能的文案为例："你要是用过这个手机拍照，你就知道它的威力！它有什么威力？自拍张张都是明信片，拍风景可以媲美单反大师的杰作。最关键的是不需要设置任何参数和模式，AI 芯片会根据环境自动识别模式调节参数。你可能会问，什么是 AI 芯片自动调节呢？简单点说，如果拍人，它会自动切换美颜模式；如果拍花草，它会切换绿植模式；如果拍夜景，它会自动切换超级夜景模式！"

在文案中融入对话式语调，可以极大地提升读者的听觉体验。无论是阅读还是聆听，这种语调都能让读者感到舒适。用这样的方式写出来的文案不仅停留在理性层面，更能达到入脑入心的效果。

1.4.4 调动触觉，从皮肤触达肌理

在人类的五种感官中，触觉以其本质和直接性占据着核心地位。它直接关系着人们的体验感受，影响着人们的购买决策。比如，我们走入一个服装店，老板总会说"随意试穿一下"；去买沙发，店员会说"坐下来感受一下"……这些例子说明触觉在消费体验中的重要性。

　　触觉是一种连接工具，当其他的感官失效时，皮肤仍然有触觉。如果文案能调动用户的触觉，那么它就是有质感的文字。正如导演大卫·林奇所讲："一个词也是一种肌理、一种质地。"

　　举个例子，如何去描述寿司的极致口感？常见的形容如"鲜美""醇厚""肉质绵软有弹性"可能会显得抽象，甚至有些俗套，难以有效激发读者的食欲。但如果换成"他在做章鱼前，会先给章鱼按摩40分钟，这样能让肉质变得柔软，富有弹性和温度，不像大部分章鱼料理吃起来像在咀嚼橡胶一般……"这样的描述不仅让读者能够在脑海中预想出寿司的触感和口感，还通过"给章鱼按摩40分钟"这一细节，增加了一丝猎奇的趣味，使文案更具吸引力。

　　在护肤品市场中，文案常常通过模拟触觉体验来吸引消费者。这种体验能够唤起消费者的感官记忆，从而激发他们对产品的兴趣。以下是两个具体的例子，展示了如何通过触觉文案来增强产品描述的吸引力。

　　以某款精华的文案为例："只需将两滴精华滴在手心，轻轻揉搓后，均匀涂抹于脸部。第二天清晨醒来，当您触摸自己的肌肤时，会惊讶地发现它变得如剥壳鸡蛋般细腻光滑。"

　　这段文案通过具体的使用步骤和第二天清晨的触感对比，让消费者在心理上预演产品的使用效果，同时利用"剥壳鸡蛋"这一生动的类比，形象地传达了产品带来的肌肤改变。

　　再来看某款洁面慕斯的文案："轻轻一按，即可产生如鲜奶油般绵密的泡沫，这细腻的触感源自纳米级的碳酸微泡技术。它像一个精准的毛孔吸尘器，深入清洁每一个毛孔，将隐藏的污垢一扫而净。洗后，您将感受到毛孔自由呼吸，肌肤变得清澈通透。"

　　在这里，文案通过描述泡沫的质地和清洁过程，让消费者感受到产品的深层清洁效果。通过"毛孔吸尘器"这一形象的类比，文案不仅说明了产品的工作原理,也强调了使用后的清新感受。

从上述例子中可以看出,触觉文案经常借助"类比物"来突出产品使用时或使用后的效果。类比不仅让文案更加形象易记,而且能帮助读者更加直观地感受到产品的效果和质地。通过将抽象的护肤效果转化为具体的触觉体验,文案变得更加生动和有说服力。

触觉文案的力量,在于它能够跨越文字的界限,通过模拟和类比,将消费者带入一个多感官的体验世界。它让文字不只是被阅读,更是被感受。我们的文案应当追求这样的境界——让每一个词、每一个句子都能够触摸到读者的心灵。

1.4.5 调动视觉,让眼睛看到画面

眼睛,作为我们感知世界的窗口,其工作原理与照相机相似,能够捕捉并将图像传递至大脑。同样,创作文案的目的之一就是激发读者的视觉想象力,创造出立即且生动的视觉体验。

视觉文案,要把一段二维的文字,用三维甚至四维的效果呈现在读者面前。它像是一个"影碟机",只要按一下按钮,就能在脑袋里播放栩栩如生的画面。

从文案推广的角度来看,制造强烈的画面感是将产品利益可视化的关键。这要求我们深入挖掘并突出产品的视觉化卖点,将抽象的产品特性转化为具体可见的好处。

比如,当形容床垫质量好时,我们以往常会用到"选材矜贵"等词语,这并不能让人感同身受。如果用"平均 40 只羊的产绒量仅够做一张床垫"这样的描述,就能够在消费者的脑海中勾勒出一幅温暖而奢侈的画面,从而更加生动地展现了产品的质量。

同样,要卖一款特别浓稠的希腊酸奶,仅仅写"浓稠可口"是不够的,还应该写出"像乳白色的奶香冰激凌一样,只能用勺子挖

着吃"的视觉感受。画面感越强，消费者在阅读时，就越能感受到产品的浓郁和美味。

要制造出强烈的画面感，我们可以采用多种文案技巧，如细节化的描述、使用动词和名词、运用比喻和类比等修辞手法。然而，这些技巧背后的真正力量在于看待事物的视角转移。我们必须以视觉的想象来看待平常事物，先让自己看到并想象到画面，然后透过文字，让其他人也看到画面。

身为成年人的我们，在日常生活中可以常做"视觉想象力"的训练。每一次看到好的电影、画展、艺术品后，我们就可以找一个从来没有看过这画面的人，用非常详细的方式说给他听。我们要像电影解说员一样，巨细靡遗地描述每个画面的细节，让听的人跟着导引，就等于同步看完了整部电影。

我们还可以在不同的生活场景中，做抓取"视觉片段"的练习，然后为这幅图景匹配不同的产品，看图说话。下面举两个例子。

视觉片段一：在拥挤的地铁车厢里面，乘客疲惫但笔直地站在那里，而这时有一个人突然大幅度、手舞足蹈地跳动，是不是很有冲击力？这个视觉片段可以与什么产品相匹配呢？如果我们选择耳机作为产品，那么文案可以这样写："戴上这款耳机，沉浸在自己的音乐会现场，瞬间忘记周围的喧嚣，只留下音乐与你同在。"

视觉片段二：一个满满当当的停车场，只剩下一个极其狭小的停车位。这时，旁边的广告牌上写着："想想小的好处吧。"这是甲壳虫汽车的经典广告文案。这个视觉片段通过对比，突出了甲壳虫汽车小巧、灵活的优势，同时也传达出一种"反其道而行之"的生活哲学。

看图说话的关键在于，文案需要与画面形成一种张力，揭示出画面背后更深层次的意义。这不仅要求我们具备丰富的想象力,还需要我们能够洞察消费者的心理,找到产品特性与消费者需求之间的联系。

综上,我们学习了如何利用味觉、嗅觉、听觉、触觉和视觉,为读者创造一场沉浸式的体验,让他们在阅读中感受,在感受中理解,在理解中记忆。

通过精心编织的文字,我们让抽象的概念在纸面上跳跃,引导读者跟随文字去观察、去品味、去嗅闻、去触摸、去聆听,赋予文案直击人心的魔力。

第 2 章

勾勒产品价值，
文案小白也能让产品大卖

2.1 卖点打造：独特卖点炫出来

为什么产品需要"独特卖点"？以"矿泉水"这个品类为例，许多矿泉水品牌都强调"纯净"，在产品及品牌命名上就直接与纯净相关。例如，"清泉、甘露、山泉、天然泉、冰泉……"，在广告语上也强调纯净，比如"清泉矿泉水，纯净每一滴，天然泉，自然味道……"。

这些矿泉水品牌都在强调纯净，消费者也难以区分哪个品牌的水更纯净。这时，某个品牌在强调纯净的同时，在包装上突出了"富含天然矿物质，源自深山古泉"的信息，这个独特卖点让这个品牌显得与众不同，客户可能就因为这一点而选择它。

在芸芸众产品中，一个产品的独特销售卖点就像是喧嚣中的一声尖叫，能够迅速穿透噪声，抓住消费者的注意力。它不仅能够帮助产品在同质化的竞争中脱颖而出，更能在消费者的心中留下深刻的印象。

独特销售卖点的发掘是一个从产品特性出发，深入挖掘对消费者有实际益处、同时对手尚未具备的特质，并将其转化为具有强大吸引力的营销点的过程。这一过程要求我们对产品进行细致的分析和精心的包装。

本节内容将从"产品五层模型"出发，分层扫描产品，在不同的层面提炼出能够激发消费者兴趣的产品卖点。此外，我们将探讨两条卖点逻辑，旨在更有效地同消费者沟通产品的独特价值，让产品的卖点表达更加抓人。

2.1.1　产品五层模型，分层提炼产品卖点

独特销售卖点的提炼要回归到产品自身的基本面。正如菲利普·科特勒在《营销管理》①中所阐述的，产品可以被分解为五个层次：核心产品、形式产品、期望产品、延伸产品和潜在产品。如图 2-1 所示，这种分层模型为我们提供了一种系统性的方法来识别和挖掘产品的独特价值。

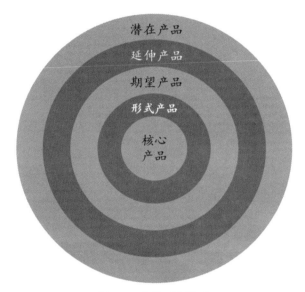

图 2-1　产品五层模型

一、核心产品

在产品的五个层次中，核心产品层是最为基础且至关重要的。核心产品，即顾客真正寻求的基本服务或利益，是他们出现购买行为的核心动机。消费者选择购买某种产品，并非仅仅为了拥有该产

---

①　[美] 菲利普·科特勒 . 营销管理 [M] 上海：上海人民出版社，2006.

品的实体，而是为了获取能够满足其特定需求的实用价值。

每一款产品的设计和存在，归根结底都是为了解决特定的问题。因此，在营销策略中，我们要着重强调产品解决问题和满足需求的能力。为了有效地从核心产品中提取出引人注目的销售卖点，我们需要专注于两个核心方向。

1. 强调产品的具体功效

耳熟能详的"白加黑"广告文案："白天服白片，不瞌睡；晚上服黑片，睡得香。"它重点强调了白片和黑片的功效。这一简洁而富有创意的宣传语，不仅凸显了产品分日用和夜用的特点，而且直接解决了消费者服用感冒药后容易犯困的普遍问题，从而精准地满足了消费者的需求。

在产品功效的传达上，差异化提炼是关键。它能够让产品在同质化的市场竞争中，令人印象深刻。

例如，在衣物洗涤市场，虽然去污能力强是大多数主流品牌主打的功能诉求，比如汰渍的"净白去污"、奥妙的"去除99种污渍"等，但滴露通过深入挖掘自身产品的独特优势，提出"衣物除菌用滴露，英国皇室御用品牌"。这一营销文案，成功地将产品的消毒功能作为独特的卖点，满足了消费者对衣物清洁和卫生除菌的双重需求，巧妙地避开了与其他一线品牌展开直接竞争。

2. 强调产品的专属使用场景

每款产品都有其特定的专属使用场景。比如，大部分面膜是在晚上使用，早餐机一般是早上使用，帐篷常在户外露营或者野餐的时候被使用。使用场景不仅是产品使用的时间或地点，它更是一个具备营销力的工具，能够为消费者提供一个明确的购买理由。

将产品卖点与使用场景紧密结合，可以有效地将产品融入消费者的生活习惯中，使其在特定情境下成为首选，甚至成为不可或缺的刚需品。以蒙牛推出的早餐奶为例，该产品就是抓住了消费者习惯在早餐时喝一杯牛奶的需求，细分了市场，成功地吸引了消费者的目光。

为了更有效地推广产品，我们需要深入思考和探索用户在何种场景下会用到产品。同时，也要洞察在这一过程中用户是否可能会遇到不良体验。举个例子，以大米这个品类来说，我们一般都会把大米当作中餐、晚餐的主食，但也有一部分用户喜欢将其煮成稀饭作为早餐。如果要推广一个新品牌的大米，从使用场景入手，我们就要寻找以往用户吃大米面临什么痛点，比如普通大米做的稀饭不黏稠、口感一般等问题。

针对以上痛点，这个大米品牌可以通过转换和细分使用场景来进行卖点定位。例如，我们可以推出专为制作米粥设计的"米粥专用大米"，或者针对寿司制作的"寿司专用大米"，以此来满足不同场景下人们对大米品质的特定需求。

通过强调产品的专属使用场景，我们不仅能够解决消费者的实际痛点，还能够在他们的日常生活中占据一席之地。这使得产品不仅是一个简单的购买选项，而更是成为消费者生活的一部分。

二、形式产品

形式产品，指核心产品借以实现的形式，也就是基本价值的外在表象，包括外观、式样、品质等方面的表现形式。从形式产品中提炼卖点，关键在于强调那些肉眼可见的独特之处。这些直观的差异化特征能够迅速吸引消费者的关注，并在他们的心中留下深刻印象。

1. 从外观上突出与众不同

在消费者的购买决策过程中，形式产品的外观扮演着至关重要的角色。它不仅体现在产品的造型设计上，也体现在别具一格的包装上。

在造型上，有些产品颠覆以往常态化的造型，给消费者在视觉及心理感受上带来新的冲击。如图2-2所示，T3漱口粒子把液体漱口水做成一粒粒糖果片的形状，变成可以"嚼"的漱口粒。这种造型不仅便于携带，更以其独特的形式激发了消费者的好奇心和尝试欲。

图2-2　T3漱口粒子

在包装上，有些产品会迎合时代审美需求，进行"叫座又叫卖"的包装设计。比如，在超快节奏的社会中，人们渴望回到相对无忧无虑的旧世界，寻求心灵的慰藉。这种情感需求反映在消费趋势上，便是复古怀旧风的兴起。

在食品饮料行业，众多品牌通过复古包装设计，唤起人们对过去简单而美好时光的记忆。如图2-3所示，光明乳业与一大文创推出的"新青年雪糕"，通过其独特的包装设计，瞬间带领大家穿越回到了遥远又澎湃的红色年代。

图 2-3　光明乳业与一大文创推出的"新青年雪糕"

如图 2-4 所示，"如果果汁"品牌对于产自不同地区的果汁，会在包装上采用不同的低饱和度的怀旧色彩来搭配。它还将老一辈常用的皇历复刻到包装上，并巧妙地将每种水果的名字融进了运势里："苹"水相逢、初来"楂"到、天生"荔"质……消费者拧开瓶盖之前，还能看一眼今日运势，回味一下当年撕老皇历的感觉。

图 2-4　"如果果汁"的包装

在琳琅满目的超市货架中，这些造型与包装就是让产品脱颖而出的"推销员"，于无声中吸引着消费者的视线，并在他们的心中激起"试一试""尝一尝"的冲动。

2. 从式样上突出更多选择

在营销中，提供更多的选择往往是一个极具吸引力的卖点，因为人们往往喜欢把多种选择放在一起进行对比，以挑选出自己最喜欢的事物。正如某个潮牌的广告所言："我们提供了超过300种不同款式和颜色的T恤，你总能找到属于自己的那一款。"这一卖点巧妙地利用了"款式多"的优势，吸引特定客户的关注。

自助餐的卖点也同样如此。通过"只需要50元，108种菜式任你随便吃"的卖点宣传，不仅让消费者感到极高的性价比，更给予了他们广阔的选择空间，从而激发了购买动机。

然而，虽然提供更多的选择可以吸引客户的眼球，但有时消费者面对过多的选择时会感到困惑，陷入"决策瘫痪"的不知所措中，难以做出最终选择。

因此，在利用"更多选择"作为卖点时，我们需要找到合适的平衡点，通过适度控制选择的数量，以简化消费者的决策过程，使购买体验变得更加轻松和高效。

3. 从品质上突出高级感

首先，产品品质的高级感可以在原材料上寻找。比如，一个电热暖手宝采用石墨烯加热材料，而石墨烯加热材料获得过诺贝尔奖，那么在产品介绍中，我们可以强调："采用曾获诺奖的石墨烯加热材料。"利用诺贝尔奖的权威性，为产品增添一份高级感。

其次，产品品质的高级感也可以在生产工艺上寻找。在工匠精神盛行的今天，很多人强调做精品，而产品要做精必须有好的工艺作为支撑，所以工艺能成为一个比较好的卖点。

铜师傅是互联网品牌中将工艺作为突破点的典范。尽管铜器工艺摆件的制作流程在行业内并无太大差异，铜的分类也只限于青铜、黄铜、全铜等，连包装材质也难以提供更强的竞争力，然而，铜师傅却巧妙地利用失蜡铸铜与古法焙烧的工艺，使其与其他同行区别开来。更重要的是，这些工艺背后还有大师的背书，进一步彰显了其工艺的独特性。

最后，产品品质的高级感还可以通过供应商来体现。例如，如果一个花店的设计师曾为爱马仕等一线奢侈品牌工作，我们可以在宣传中提到："爱马仕等一线品牌御用设计师参与设计。"这是在借助奢侈品牌的高端形象，提升产品的吸引力。同样，化妆品品牌也可以通过宣传其产品与国际大牌如雅诗兰黛来自相同代工厂，来增强消费者对产品质量的信心。

我们要善于在产品细节中发现那些自带高级感的元素。这可能包括生产工厂的历史、采用的制作工艺、原材料的来源等。例如，如果生产工厂曾代工其他知名品牌，或者使用了与某明星产品相似的制作工艺，它们都是可以强调的卖点。通过与知名品牌建立联系，我们可以有效地降低消费者对产品的信任成本，从而提升产品的市场竞争力。

三、期望产品

期望产品，是指消费者在购买该产品时，期望得到的与产品密切相关的一整套属性和条件。这些期望的满足程度直接关系到消费者对产品的满意度、评价以及未来是否会再次购买。

一旦了解了消费者的期望，我们就可以从这些期望中提取出产品的卖点。例如，如果消费者期望的是高效率，我们可以强调产品的快速响应能力；如果他们关心价格，我们可以突出产品的性价比；如果他们重视购买环境，我们可以展示优雅的购物环境和便利的购物流程。

1.从效率上满足期望

在这个求快的时代，"高效率"可以作为一大卖点。比如，快餐店主打"半小时送到，否则半价"；网络培训教程主打"零基础1小时学会建站，否则退款"；快递公司主打"隔日送达"。当这样的口号打出来之后，目标人群就有了选择它们的理由。

2.从价格上满足期望

价格是影响人们购买决策的重要因素，很多产品用了低价策略。比如，瓜子二手车的卖点是"没有中间商赚差价"，这就意味着车主可以花更低的价格买到质量相同的车；沃尔玛的卖点是"天天低价"，吸引家庭主妇每天光顾；某酒店卖点是"五星级的待遇，四星级的价格"，这样的文案一发布出去，至少80%的商务人士会被降伏。

3.从环境上满足期望

环境也是消费者选择产品或服务时考虑的一个重要因素。在美容、餐饮、酒店和旅游等行业，一个优美的环境可以显著提升消费者的体验，从而增加他们对产品或服务的满意度和支付意愿。

想象一下，当去一家环境简陋的餐厅用餐时，即使食物再美味，我们也会自然地低估它的价值，不愿意支付过多的费用。相反，如果我们选择了一家装潢豪华的餐厅，即使食物质量一般，也会在心理上觉得高价合理。这正是环境的影响所在。

四、延伸产品

延伸产品，指顾客购买形式产品和期望产品时附带获得的各种利益的总和，包括说明书、保证、安装、维修、送货、技术培训、实力等附加价值。在产品越来越同质化的今天，和竞争对手卖同样的产品和提供大同小异的服务，如果能额外提供更多的延伸产品，我们就会获得客户的优先选择。以下是在服务和实力两个方面延伸产品卖点的具体方法。

1. 从服务上延伸

精心打磨的服务可以成为吸引客户的强大卖点，并有助于形成良好的口碑传播。例如：

- 酒楼可以提供"内设停车场，特惠洗车"服务，提高顾客的就餐便利性。
- 宾馆可以推出"市内免费派车接送"服务，为顾客提供额外的舒适和便利。
- 水果店可以主打"购满20元，2公里内加1元定时送货"服务，满足顾客的即时需求。
- 连锁超市可以承诺"消费满100元，2公里内免费送货上门"，增强顾客的购物体验。

这些服务设计不仅解决了客户的痛点，而且通过具体的服务承诺，直接满足顾客的需求。

2. 从实力上延伸

强大的实力是赢得客户信任的关键所在，这种实力来源于产品过往的成绩、技术、资质等。例如，一家音响公司可以强调其"10年的品牌历史和12万的客户服务记录"，并将此作为市场优势；一家培训机构则可以展示其"每年高达82%的大学升学率"并将此作为其教育质量的证明。这些显著的成绩能够给客户留下可靠和安心的印象，从而成为促进产品销售的强大工具。

在将实力作为市场卖点时，重要的是确保这种实力是可以量化的，并且有确凿的证据支持。这些证据可能包括但不限于厂房的实景照片、产品的实物图片、生产和包装的现场视频、品牌授权的官方文件、产品质量的检测报告、历史客户的推荐名单，以及来自权威机构的认可或正面报道。这些具体证据将为产品的实力卖点提供坚实的支持。

五、潜在产品

潜在产品，指现有产品在未来可能进行的所有改进和变革，它是在核心产品、形式产品、期望产品、附加产品之外，能满足消费者潜在需求的、尚未被消费者意识到或者已经被意识到但尚未开发出来的产品。

潜在产品并不会在产品面市之时就展现出来，但可以随着产品的研发和优化，逐步满足顾客的未来需求。以电视机和手表为例，电视机最初仅用于接收和播放电视节目，但随着网络技术的发展，它已经转变为能够提供丰富媒体内容和互动体验的多功能设备。同样，手表也从单一的时间显示工具，演变成集合通信、健康监测和支付等多种功能的智能设备。

由潜在产品延伸出的卖点被称为"前沿卖点"。以汽车品牌来说，自动驾驶技术是一个典型的前沿卖点。运用自动驾驶技术，汽车可以实现自主导航、智能驾驶等功能。这项技术不仅极大提升了行车的安全性，也为驾驶者带来了前所未有的便捷和舒适体验。

通过深入挖掘产品的五个层面——核心产品、形式产品、期望产品、附加产品以及潜在产品，我们能够发掘并精准提炼出各种卖点，为文案撰写提供丰富的素材与灵感，并可进一步根据目标客群的需求与特点，灵活应用与匹配这些卖点。

例如，对于追求效率和性能的消费者，我们可以强调产品的功效和适用场景，展现其在日常生活中的实际应用和解决问题的能力；针对注重品位和审美的消费者，我们可以突出产品的外观、式样和品质；对于热衷科技和潮流的消费者，我们可以展示产品的创新特性和发展潜力，激发他们对前沿科技和新兴趋势的兴趣。

2.1.2 两条卖点逻辑，让人情不自禁"拔草"

在营销推广中，发现产品的卖点只是第一步，真正的挑战在于如何有效地表达这些卖点。这不仅要考虑产品自身的特性，还需顾及目标受众的认知水平和市场竞争的激烈程度。撰写文案时，对于以下三个关键问题的思考至关重要，它们直接关系到卖点表达的效果。

问题一：卖点太简单，撑不起产品的价值，怎么办？

问题二：卖点很复杂，说不清楚，怎么办？

问题三：卖点不吸引人，不带货，要不要更换卖点？

下面两条卖点逻辑，能够帮助我们根据产品特点找到合适的表达方式，更好地引导消费者的认知，促使他们作出购买决策。

卖点逻辑一：简单产品复杂说，复杂产品简单说，让消费者的认知无"卡点"。

文案畅销书作家约瑟夫·休格曼在《文案训练手册》[①] 中提出了一条文案公理："简单产品要复杂说明，复杂产品要简单说明。"这一理念的核心在于，文案的表达方式应与产品的特性相匹配，以实现卖点的清晰化。

策略一：简单产品要复杂说明

在销售一种消费者熟悉且看似简单的产品时，我们应该采用复杂的产品说明方法。来增强产品的市场吸引力。我们先看看约瑟夫·休格曼是怎样做的。他要销售一款普通的家用烟雾探测报警

---

① ［美］约瑟夫·休格曼 . 文案训练手册 [M]. 北京：中信出版社，2011.

器，这款产品虽然功能明确，但缺乏独特卖点，难以在竞争激烈的市场中脱颖而出。

该如何解决这个困境呢？约瑟夫·休格曼找到了一个非常巧妙的切入点。他在文案中深入描述了探测器内部的运作机制，通过展现其内部复杂的电路设计和功能，使得一个普通的家用产品变得专业且值得信赖。最后，这个烟雾探测报警器比市场上同类产品的均价高了10美元，依然受到消费者的热烈追捧。

这个案例是对"简单产品要复杂说明"的演绎。当消费者面对一个看似简单或是差异化很小的产品时，如果文案同样简单，可能会被认为产品缺乏价值，不值这个价格。相反，对简单产品进行稍复杂一些的文案表达，不仅能够提升产品的价值感，还能增强消费者的感受体验，促使他们更愿意掏钱购买。

同样的原则也适用于红酒这一相对简单的产品。长城葡萄酒的文案《三毫米的路程，一颗好葡萄要走十年》，就是一个很好的例子。文案通过讲述一颗葡萄从生长到酿造的全过程，巧妙地传递了红酒背后的品质和工艺。这种细腻的描述，使得消费者能够超越简单的口感和年份，感受到红酒独有的文化和价值。文案如下。

三毫米的路程，一颗好葡萄要走十年

三毫米，

瓶壁外面到里面的距离，

一颗葡萄到一瓶好酒之间的距离。

不是每颗葡萄，

都有资格踏上这三毫米的旅程。

它必是葡园中的贵族；

占据区区几平方公里的沙砾土地；

坡地的方位像为它精心计量过，
刚好能迎上远道而来的季风。

它小时候，没遇到过一场霜冻和冷雨；
旺盛的青春期，碰上十几年最好的太阳；
临近成熟，没有雨水冲淡它酝酿已久的糖分；
甚至山雀也从未打它的主意。

摘了三十五年葡萄的老工人，
耐心地等到糖分和酸度完全平衡的一刻才把它摘下；
酒庄里最德高望重的酿酒师，
每个环节都要亲手控制，小心翼翼。

而现在，一切光环都被隔绝在外。
黑暗、潮湿的地窖里，
葡萄要完成最后三毫米的推进。
天堂并非遥不可及，再走十年而已。

将简单产品进行复杂说明是一种策略，它要求我们深入理解产品，讲述产品各个剖面的内容，包括产品的核心理念、精神内涵、设计过程、工艺流程、产地特色，以及背后的人物故事和技术亮点等。每一个剖面都是产品独有的价值点，它们共同构成了产品丰富的价值体系。

策略二：复杂产品要简单说明

相对地，当我们销售一种较为复杂、消费者相对陌生的产品时，策略则需要转变为简单说明。这种简化不是省略，而是提炼和聚焦，目的是直击消费者最关心的利益点。

约瑟夫·休格曼在《文案训练手册》中也举了一个例子：当电脑刚刚问世时，休格曼向他的顾客简洁明了地介绍了电脑能为他们带来的好处，同时强调了电脑操作的简便性。休格曼并没有介绍电脑背后复杂的技术参数，避免了把本身复杂的东西更复杂化。这种简化的介绍直接触及了消费者的需求，最终促成购买。

因为对于当时的消费者，电脑是一个陌生的事物，需要花时间去了解。如果一开始就向他们介绍过多晦涩难懂的知识概念，可能会削弱他们的自我效能感，进而影响他们的购买意向。

同理，第一代 iPhone 刚问世时，人们对智能手机也没有概念。如果乔布斯在发布会上介绍一堆参数，估计听众会听得头疼。但是他巧妙地借用了"参照物"（iPhone=1 个大屏 iPod+1 个手机 +1 个上网浏览器）来说明，这就让听众立马了解到 iPhone 强大的功能，并很快对这个新物种熟悉起来。

为了让消费者快速建立起对复杂产品的认知，文案应该选择简化的说明方式。这意味着直接向消费者传达产品的实际用途和好处，而不是让他们陷入复杂的概念和参数之中。通过减少认知障碍，消费者可以更快地理解产品的价值，从而促成他们的购买行为。

总体而言，在消费者的购买决策过程中，他们倾向于选择那些在自己认知范围内的产品。文案的作用，就是通过巧妙的表达方式，塑造和提升产品在消费者心中的形象，从而影响他们的购买行为。

遵循"简单产品要复杂说明，复杂产品要简单说明"的文案写作原则，我们可以有效提升产品在消费者心中的地位。无论是通过复杂说明增加简单产品的认知价值，还是通过简单说明降低消费者对复杂产品的认知障碍，其核心都是帮助消费者更直观、更具象地理解产品特点，推动他们在购买决策中"更进一步"。

卖点逻辑二：卖"止痛药"，而非"维他命"，让消费者的购买

有"动机"。

"止痛药"是缓解身体某部位疼痛感的药物，对症下药的话，通常效果明显；"维他命"则是长期的维生素补充，参与调节身体新陈代谢，通常没有立竿见影的效果。将两种事物迁移到文案写作中，我们会看到两种不同风格的文案——"止痛药"型文案、"维他命"型文案。

"止痛药"型文案，直击用户痛点，让用户看了就心痒痒，忍不住下单。"维他命"型文案，则更为温和，缺乏紧迫感。

举例来说，如果要向用户推销一款吸油面纸，"止痛药"型文案可能会写成："不想被别人直视'油乎乎'的脸？不想被满脸的'油光'闷出痘痘？柔软亲肤只需一片，吸油不吸妆，一秒告别'大油田'。"

"维他命"型文案可能会写成："面容是你递出去的第一张名片，多一份油光，会破坏整体的设计。用一张薄柔的吸油面纸，给肌肤一点温柔的呵护。"

同样是推销吸油面纸，"止痛药"型文案直接针对用户的社交和形象焦虑，强调油腻的面部如何严重影响个人在社交场合中的形象。相比之下，"维他命"型的文案虽然也写出了面纸可以"吸除油脂"的功能点，但与"止痛药"型文案相比，给用户带来的感受并不强烈。

进一步剖析两种卖点文案，"止痛药"型文案直接针对消费者的痛点，传递出一个信息——产品能够立即解决他们面临的问题。"维他命"型文案则侧重于预防，它暗示产品能够帮助消费者避免未来可能出现的问题。

心理学研究揭示了一个现象：人们对于预防性行动的动机远低于解决即时问题的动力。以吸烟为例，尽管香烟包装上的警告语

"吸烟有害健康"众所周知，但是这几个字并不会打消烟民们买烟的念头。这是因为预防性的提示缺乏紧迫感，人们往往认为危害不会立即发生，甚至可能根本不会发生，侥幸心理会抵消做出改变的欲望，所以不会马上戒烟。

然而，当问题变得紧迫，如一旦确诊患病，医生叮嘱要戒烟的时候，我们就会毫不犹豫地戒掉。在这种情况下，戒烟不再是一个预防措施，而是一个直接解决健康问题的必要行动。这种从预防到解决的转变显著提升了人们采取行动的紧迫感和决心。

推广产品时，区分产品是倾向于预防问题还是解决问题非常关键。如果产品偏重于预防问题，文案应巧妙地将预防性语言转化为解决性语言，即将"维他命"变成"止痛药"，以"快、狠、准"的方式直击消费者的需求，从而显著提升产品的吸引力。例如，将"预防困乏"转变为"立即提神"，或将"预防饥饿"转变为"横扫饥饿"。

不吃"止痛药"可能会让我们苦不堪言，但偶尔有几天漏吃"维他命"，并没什么大不了。激发消费者的购买欲，关键在于精准识别他们购买一款产品时的真正痛点，然后用文案为他们注入一剂强力的"止痛药"，这样才能有效推动产品销售，实现带货目标。

两条卖点逻辑的核心在于运用精准的语言和表达技巧，将产品优势转化为消费者能够直观感受到的好处。无论是"简单产品复杂说，复杂产品简单说"，或是卖"止疼药"而非"维他命"，我们的目标始终是一致的：激发消费者的购买欲望，让他们情不自禁地"拔草"。

2.2 价值解码：把"卖点"转化为"买点"

东东枪在《文案的基本修养》[①] 一书中说："做广告的人应该有一个习惯，就是看到每一件自己或家人购买的东西，都应该在脑子里过一下，想一下，这东西真正在卖的是什么？我们真正买到的是什么？"这一思考过程触及了两个关键点："卖点"和"买点"。

"卖点"是能产生销售的产品特点，它基于产品利益进行表达，强调那些能让用户眼前一亮的独特优势。例如，一款手机如果拥有卓越的低光摄像头性能，它就能在夜景拍摄中大放异彩。同样，一款具备智能健康监测功能的手表，能够实时跟踪并分析用户的健康状况，为用户提供个性化的健康建议。这些都是产品脱颖而出的"卖点"。

"买点"则是站在客户利益的角度进行推荐，使客户能够明确了解该产品将如何解决他们的问题，以及带来什么好处，直接关联客户的需求和期望。

"买点"是在"卖点"的基础上深化而来的，更侧重于客户所能获得的价值。例如，具备低光拍摄性能的手机摄像头，不仅能帮助用户捕捉夜晚的美丽瞬间，还能让他们在社交媒体上分享高质量的照片，从而获得更多点赞和关注。智能健康监测手表则能够帮助用户及时了解并管理自己的健康状况，预防疾病的发生，提高生活质量。

要将产品的"卖点"转化为消费者的"买点"，关键在于将"卖点"具体化到消费者的真实生活场景中。以减脂产品为例，单纯地宣传"低卡、饱腹、营养均衡"等卖点，如果没有触及用户的

---

① 东东枪 . 文案的基本修养 [M]. 北京：中信出版社，2019.

实际需求，是难以激发他们的购买欲望的。

因此，我们需要探究用户在何种情境下最渴望减脂，如面试前需要提升自我形象、购物时想要穿上更合身的衣物、拍照时希望呈现出最佳状态……接下来，将"卖点"与这些情境进行融合，文案可以写成："减肥那么久，还是有几块肉肉不舍得我，穿衣太难看就是减不下去，睡前喝一次，躺在被窝里也能瘦下去。"

通过这种方式，文案不仅引领消费者进入一个具体的生活场景，而且在激发了用户需求的基础上，将"卖点"转化为"买点"，更容易被用户接受。

撰写推广文案时，理解并强调产品的"卖点"和"买点"至关重要。我们不仅需要清晰地传达产品的独特卖点，更需要从客户的角度出发，强调产品的"买点"，展示产品如何满足他们的需求。这是因为，消费者最终购买的不仅仅是产品本身，而是产品所代表的价值和它能带来的改变。

2.2.1　四个灵魂拷问，让文案成为"翻译"

文案本质上做着"翻译"的工作，它要求我们运用文案的技巧和力量，将专业、难懂的产品功能翻译为用户喜闻乐见的利益点，把产品卖点加工成用户可以感知到的买点好处。

如图 2-5 所示，为了有效地进行这种转译，我们可以借助"四个灵魂拷问"来确保卖点能够有的放矢地转化为买点，进而增强用户对产品利益的感知。

图 2-5　四个灵魂拷问

一问产品功能点：产品有什么功能？即产品在基本特性、材质、生产工艺、效果等方面的优势。

二问产品支撑点：产品采用哪些领先技术支撑实现上面的功能点？即产品功能背后的技术参数、权威认证、科学研究等。

三问产品利益点：产品的功能可以满足用户什么需求，帮助用户解决什么问题？这一点关注的是产品带给用户的好处。

四问用户满足点：产品如何满足用户的深层欲望和目标？理解用户满足点有助于推动客户意识到产品如何与他们的生活和目标相契合。

假设要推广一款便携式榨汁杯，我们便可以利用这"四连问"来梳理从"卖点"到"买点"的路线，如图 2-6 所示。

一问产品功能点：这款便携式榨汁杯有什么功能？
回答：动力强劲，强劲榨汁效果出色，在满电状态下可快速榨出 10 杯汁。

二问产品支撑点：它的强劲榨汁效果出色有什么依据？
回答：它用的是 1400mAh 增压动力锂电池，搭载了强劲动力的电机，并且配合榨汁效率更高的四叶刀头设计。使用精钢材质四叶刀头，就算是往杯中放入大块果肉，也能轻松搅碎，快速打出鲜美果汁！

三问产品利益点：这个功能对我有什么好处？解决了什么问题？
回答：能让我喝到口感细腻、无果渣残留的新鲜果汁，大幅提升饮品的品质。同时，强劲的电池续航能力能确保我在外使用时不必担心电量不足，一次充电即可制作多杯果汁，满足连续榨汁的需求。

四问用户满足点：这个功能可以满足我什么欲望？达成什么目标？
回答：有了这款榨汁机，我可以更放心地和朋友去露营了，想喝果汁时就榨一杯，随时随地都能喝到新鲜果汁，补充维生素，身体更加轻盈、健康。

便携式榨汁杯

图 2-6　便携式榨汁杯的"四连问"路径

通过"四连问"，我们将产品的功能点与用户需求进行了匹配。这一过程不仅让产品信息变得更加生动和易于理解，而且有效地将产品功能与用户的实际体验紧密相连，以更有力的方式引导用户产生购买意愿。

2.2.2 打好组合拳，搭出卖点"百变造型"

写文案时，我们可以将"四连问"中的"产品功能点、产品支撑点、产品利益点、用户满足点"巧妙地组合，从多个角度展现产品的独特之处，以此吸引潜在客户的目光。

组合拳一：产品支撑点＋产品功能点

这一组合强调"理性收益"，尤其适合那些消费者必然会购买的刚需产品。面对必须做出的购买决策，消费者往往会更加理性和注重细节。在这种情况下，文案应"以理服人"，重点展示产品的实际功能和技术支撑，让消费者直观感受到产品的"硬核特色"。

以销售一款护眼灯为例，文案可以强调其技术支撑，如采用全光谱 LED 光源。然后，再结合产品的功能特点，如光照充足，安全护眼，凸显产品对用户健康的关怀，以及对环境的友好性。输出的文案可能是："全光谱防闪屏，让眼睛更舒适。"

通过这一组合，我们能够在文案中清晰地传达产品的理性优势。很多科技类产品（如笔记本电脑）、家居用品、家电、健康产品，由于同属刚需品，又竞争激烈，因此都在强调自己的理性收益，用清晰而实际的信息来吸引消费者的购买目光。

组合拳二：产品功能点＋产品利益点

在这一组合中，我们可以通过构建具体场景来凸显产品的实际利益点，目的是唤起消费者在特定情境下的需求，并清晰展示产品如何满足这些需求，引导他们解锁产品的实际利益。图 2-7、图 2-8、图 2-9 是几个采用这种组合的文案示例。

图 2-7　伊利畅轻酸奶：“餐后一瓶，即享轻盈”

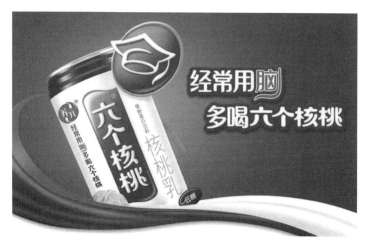

图 2-8　六个核桃核桃乳：“经常用脑，多喝六个核桃”

知乎
有 问 题 上 知乎

图 2-9　知乎：“有问题，上知乎”

通过将产品置于具体的使用场景中，我们不仅能够展示产品的多功能性，还能够让用户直观地感受到产品是如何解决他们的实际问题的，从而增强产品的诱惑力和说服力。

以推广一款智能随身翻译器为例，产品的功能点是能够实时翻译多种语言。现在，我们根据不同的使用场景，用文案来传达产品的实际利益点。

场景一：出国旅行，不再担心语言障碍，可以自由和当地人交流。

针对这个场景输出的文案："×××随身翻译器，支持45种语言实时互译，一机在手，全球畅游。"

场景二：国际会议，可以实时同声翻译，打破沟通障碍，提高会议效率。

针对这个场景输出的文案："×××随身翻译器，快速响应语音同声字幕，隔着太平洋，也能沟通无阻。"

通过这种方式，我们能够更清晰地传达产品的实际价值，让消费者明白在不同的情境下，产品是如何满足他们的需求的。这种场景驱动的文案策略，不仅让产品的功能点更加突出，也让产品的买点更加明确，有效地促进了用户做出购买决策。

组合拳三：产品支撑点+产品功能点+产品利益点

这一组合能全面且逻辑清晰地呈现产品的特色和优势，尤其适合科技含量高、创新性强和功能复杂的产品。

以某品牌手机为例，其支撑点是先进的潜望式长焦镜头技术。这项技术不仅支撑了手机的核心功能——拍摄远距离景物时的卓越清晰度，而且带来了显著的用户利益点：轻松捕捉远处的自然美景，记录那些超越目力所及的瞬间。综合这些要素，我们可以构思出如下文案："×××手机，搭载潜望式长焦镜头，10倍光学变焦，轻松捕捉遥远之美，胜过目之所及。"

组合拳四：产品利益点＋用户满足点

在多数情况下，我们购买或使用某件产品，不仅是为了满足功能上的需求，更追求心理上的满足，如归属感、爱、自尊、成就感、社会认同、享受、安全和快乐等。这些心理和情感上的附加值，构成用户可感知的价值总和。

在"产品利益点＋用户满足点"的组合中，我们可以强调产品的情感收益，拔高产品的层级，去满足消费者的价值追求。当产品不仅满足消费者的基本使用需求，而且触及消费者的心理和情感层面时，文案便能够显著提升消费者的好感，引发较强烈的情感共鸣。

以某款时尚眼镜为例，其产品利益点在于时尚的外观设计，即便素颜戴上它也非常好看，拍照也能更出片。在用户满足点方面，这款眼镜不仅仅是一种装饰，更进一步地，它满足了消费者对自信与气质的追求，使他们在社交场合中更加游刃有余。从这个组合切入，输出的文案可能是："世界再大，也不过两眼之间。自在上镜，每一帧的你都很美。"

从产品的功能点、支撑点、利益点，以及用户满足点入手，我们可以灵活地搭成多种文案组合拳。这个过程就像搭乐高积木一样，我们只需拥有创意，就能搭出"百变造型"。根据产品属性和目标受众需求，我们可选择合适的组合方式，以创造出多样化且高质量的文案。

2.3 包装塑造：让产品价值脱颖而出

俗话说，"人靠衣装，佛靠金装"。同样地，好产品要靠好文案来包装。一旦找到了值得推广的产品卖点，我们的任务就是以最具吸引力的方式将其呈现出来。本节将会介绍两个关键的文案包装策略，帮助我们更有效地传达产品的独特卖点。

2.3.1　言之有物，将抽象卖点具体化

什么是具体化？《让创意更有黏性》[①]的作者、行为心理学家奇普·希思和丹·希思指出："如果你能凭感官去认知某样东西，那就叫具体。"凡是能让人看到、听到、闻到、触碰和感受到的描述，都是具体化的表达。

一个观点一旦被具体化，说服力往往会成倍增加。当某个经销商说"我们已经降低了售价"，消费者根本不会留意这样的声明。但是，当他说"我们已经把售价降低了 25%"，消费者对他的价格公告就会深信不疑。

在撰写文案的过程中，为了将产品的利益点或者独特性传达得更为形象和精准，具体化是一个常用的手段。它可以降低读者的理解难度，避免文案掉入"抽象"的雷区。

如何写出具体化的文案？图 2-10 所示的三种方法十分有效。

图 2-10　写具体化文案的三个方法

方法一：右手抓名词，左手抓动词，甩开形容词。

在文案写作中，我们常常倾向于使用大量华丽的形容词来烘托

---

① ［美］奇普·希思，丹·希思 . 让创意更有黏性 [M]. 北京：中信出版社，2014.

氛围，但更有效的方式是多运用名词和动词。

名词是文案中的关键符号，具有强烈的辨识度。名词的作用就像对事物的召唤，没有它，产品或概念就难以在读者心中形成具体的形象。从童年到成年，我们接触过无数的事物，每个事物都会被名词赋予一个名字。因此，当我们在文案中读到名词时，它们会唤起我们的熟悉感，迅速激发我们对相关事物的记忆和联想。

下面请你参加一个小测试，每道题请用 5 秒的时间快速做出反应。

想起"苹果"

想起"熊猫"

想起"非凡"

想起"卓越"

你发现了吗？每道题似乎都会触发你大脑中不同的记忆活动。例如，当你想起苹果时，脑子里面可能会出现一个红红的果子；当你想起熊猫，会浮现出它胖墩墩的身体；但是一旦遇到"非凡""卓越"这些抽象的形容词，你很容易大脑一片空白。

这个小测试揭示了一个现象：具体的名词能够迅速激发人们大脑中的联想和记忆活动，抽象的形容词则无法让人快速理解。

动词是文案中的点睛之笔，它们是用来描绘日常生活中各种行为和活动的基础词语。由于动词与我们的日常生活紧密相关，它们具有一种亲民性。在文案中恰当地使用动词，可以更有效地激发读者的联想，赋予文案更加生动和具体的表现力。

文案大师保罗·西尔弗曼在《创意之道：32 位全球顶尖广告人的创作之道》中说："动词传递图像的速度总是比形容词快。"对比下面两句话，一切就一目了然。

（1）纸上的一个狭长的口子是被刀划出来的。

（2）刀划破了纸。

很显然，"刀划破了纸"在传递信息和图像方面，快速并且有力。

在实际的文案写作中，我们要不断修炼对名词和动词的运用技巧，使其更加精准和生动。以在朋友圈销售橙子为例，其基本卖点如下。

果园直发，确保新鲜；

皮薄汁多，果肉细腻；

甘甜清爽，富含维C；

不打蜡，不催熟，无防腐。

为了吸引潜在买家，我们需要对这些卖点进行文案包装，将它们改写成含有名词及动词的句子，以更生动地描绘出橙子的诱人之处。重新构思的文案如图2-11所示。

果园直发，确保新鲜：
当早晨的阳光洒进果园的时候，农民大伯从枝头剪下闪着露水的橙子，将它们一颗一颗装进箱子，仔细打包好，在当天中午之前发给顾客。

皮薄汁多，果肉细腻：
剥开一个橙子，你会看到很多包裹果肉的外层薄膜都被撑开了，露出一粒粒橘黄色的小珠子，轻轻一挤就是一杯果汁。

甘甜清爽，富含维C：
吃上几瓣，不仅唇齿留香，喉咙也润润的。维C含量满满，敷再多补水面膜，都不如吃几个橙子。

不打蜡，不催熟，无防腐：
它是阳光与雨露下生长起来的"自然橙"，没有打蜡，没有催熟，不添加防腐剂。尝一口，嘴巴里都是阳光的香甜味。

图2-11 卖橙子文案

包装后的文案运用精准的名词和动词，从"看"和"尝"的角度来刺激读者的视觉和味觉。同时，它更清晰地阐述了橙子的特点，能对读者产生更强的说服力。

方法二：进行数字化表达

在文案写作中，我们可以对产品卖点进行数字化表达，尽量避免使用过于抽象自夸式的词语，如"甜""火爆""好吃""价值高""天然"等。这是因为数字化的文案可以引导消费者自行判断出产品的卖点形容词。

比如，我们要推广一个课程，写的文案是："已经有 29999 位小伙伴报名学习了，近 8 成学员重复学习 3 遍以上。"通过这几个数字的展现，消费者就能自行判断出课程的火爆程度与学员的满意度。

然而，仅仅展示数字是不够的。为了进一步增强消费者对产品卖点的感知，我们需要对数字进行"再加工"，即"好处化"，以凸显数字背后的好处。以下是两种有效的表达句式，用于将数字转化为具体的好处。

1. 使用"能 / 可以 / 足够 /……"

以卖一款剃须刀为例，我们会强调其充电后能够持续使用 120 分钟的特性。然而，对于许多消费者来说，"120 分钟"这样的数字可能并不直观，难以让他们立刻理解这一续航能力的实际意义。为了更有效地传达产品的这一优势，我们要把数字"换算"一下，换算成数字背后所承载的好处。比如文案可以这样写："冲 1 次电，能剃须 50 次，半年不用充电。"

如图 2-12 所示，罗永浩老师在"交个朋友"直播首秀时，曾给小米巨能写中性笔带过货。他和搭档在介绍这款笔时说：这支笔能写 50000 个字，如果你用这支笔去画直线，能画 1.6 公里，一盒 10 支。如果你不到处乱扔，一支笔能写一辈子，能写到孙子辈儿。这一支笔能写一本《小王子》，这一盒笔，能写一本《史记》。经过这番数字的"换算"，我们立马就能了解到这款笔强大的书写能力。

图 2-12　罗永浩老师在"交个朋友"直播间带货"小米巨能写中性笔"

2. 使用"相当于/约……"

例如，一则健身文案可以这样写："使用我们的健身设备，您每次锻炼将会燃烧 300 卡路里，相当于快走 3 公里的热量消耗！"

同样，一则节能灯泡的文案可以强调："安装这款节能灯泡，每年可以节省 100 美元，约为一个周末度假的花费。"

将数字进行"好处化"处理，不仅能更生动具体地传达信息，还能让用户更容易理解数字所蕴含的实际益处，使得产品卖点更有说服力。

方法三：巧妙运用比喻

比喻是用具体的、浅显的、熟悉的、鲜明的事物去说明或者描写抽象的、深奥的、陌生的、模糊的事物。比喻之所以有效，是因为我们的大脑喜欢使用已知的范例和捷径来理解与应对这个世界。

撰写文案时，我们可以思考产品的卖点与用户熟知的事物之间的相似之处，然后创设比喻，以通俗的概念来解释抽象的、陌生的概念。例如，当想表达床垫的"柔软"时，我们可以说它"像躺在柔软的棉花上一样"；或者当想强调洗面奶的泡沫"细腻"时，我们可以描述它"如同奶昔一般丝滑细腻"。

经过比喻的处理，我们发现，不仅文案中的复杂概念更容易被理解，文案读起来也更有活力。例如，经典文案"世界上最重要的一部车是爸爸的肩膀"，就是一个比喻，它使人感到亲切和温馨。如果没有比喻，类似的文案，如"×× 车带给你爱与安全感"，可能会显得枯燥和乏味。

同样去推广一款洗涤液，未使用比喻的文案是："这瓶洗涤液，能够将顽固的污渍洗得干干净净！"使用比喻的文案是："这瓶洗涤液，就像推土机一般，能够将顽固的污渍洗得干干净净！"相信使用了比喻的文案会促使更多人产生"要试一下"的想法。

比喻的构成要素包括三个部分：本体（被比喻的事物或情境）、比喻词（标志比喻关系的词语，如"像、似、若、仿佛、犹如、宛如"等），以及喻体。

如图 2-13 所示，对于产品文案，本体可以是产品本身、产品的某个属性，亦可以是产品延伸出来的个性、精神、文化等；喻体的选取，必须在某方面与产品有相关性，这就需要我们找准本体和喻体之间的互通点。它可以是物质上的，也可以是情感、精神、性格上的。

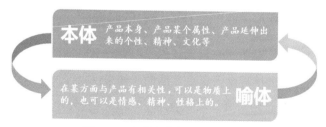

图 2-13　产品文案的本体与喻体

举例来说，图 2-14 中的飞利浦文案："做人就像剃须，进退都得要拿捏好分寸。"这里的本体是"做人",喻体是"剃须",比喻词是"就像"。将抽象的"做人"概念与具体的"剃须"相对照,它们之间的"神似"能极大地唤起读者的想象力,使无形的东西变得有形。

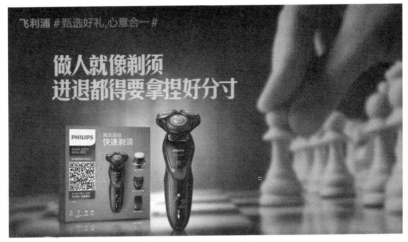

图 2-14　飞利浦剃须刀文案

　　综上所述,将文案具体化是一种极为有效的沟通策略。通过使用形象的名词和动词、引入数字化的表达方式,以及巧妙运用比喻,我们可以更加生动地展示产品的优势。这不仅能增强消费者对产品特性的感知,而且有助于他们更深刻地理解产品的价值。

2.3.2　场景植入,让产品在消费者的脑海中"演电影"

　　设想一下,你要卖一款榨汁机,它拥有易于清洗、大口径、汁多无渣、拆卸简单等众多优点。然而,如果仅仅停留在对这些卖点的简单列举上,消费者可能会觉得:"嗯,挺不错,但我可能用不到这些。"

　　如果此时我们为这款榨汁机构建几个具体的使用场景,嵌入产品的卖点，那么，就可以让消费者直观地感受到产品带来的便利和乐趣。

想象一下，清晨起床，你用这款榨汁机轻松榨出一杯新鲜的胡萝卜汁，为新的一天注入活力。傍晚时分，回到家中，只需几分钟，你就能用它榨出一杯清凉的西瓜汁，迅速缓解一天的疲劳。周末，家庭聚餐时，你用它为孩子们制作开胃的柠檬汁，增添欢乐气氛。

当把榨汁机融入消费者的生活场景中，他们看了之后，心中的反应可能会从"听起来不错"转变为"我需要这样一台榨汁机"。

所谓的场景，其实就是我们日常生活中那些熟悉而真实的片段。我们每天生活在大大小小的场景中，诸如上班、下班、走路、吃饭、聊天、睡觉等。在文案中创建场景，就是通过生动、具体的描述，将产品的卖点融入消费者的日常生活中，引导他们真切地感受到使用产品时的美好体验。

举个例子，传统的零食广告常常是这样的："××小零食，好吃又健康。"然而，这种文案可能会造成一个问题，就是同质化，让产品显得普通，消费者看了没感觉、没欲望，因为大多数零食文案都是这样写的。

但是，如果在文案中植入一个场景，情况就截然不同。例如，我们可以这样写："追剧时嗑瓜子太麻烦？来一包×××零食，不吐壳，不脏手，越嚼越香，吃完不怕胖。"这样的文案将产品融入一个令人向往的轻松、减压的生活场景中，是不是比单纯地说零食好吃、健康要更能引发人们的购买欲望呢？

那么，该如何在文案中创建场景呢？下面是编写场景化文案的三个步骤。

第一步：基于产品卖点，梳理产品适用场景。

基于产品的优势和卖点，我们要梳理出产品可支持的多种适用场景，并将产品的使用体验以场景化的方式生动地呈现出来。

比如，一款剃须刀的产品卖点是便于携带和长久续航，那么，我们可以从这两个卖点出发，梳理出两个生动的适用场景。

针对"便于携带"这个卖点，可以设计一个将它轻松装进口袋的场景，比如出差携带非常方便，不占用行李箱空间。

针对"长久续航"这个卖点，可以设计一个全程停电一周的场景，别人都胡子拉碴，而你的顾客仍然可以保持清爽和帅气。

再以一把多功能工具刀为例，其卖点是锋利和多功能性。基于此，我们可以梳理出如图 2-15 所示的四个吸引人的场景。

图 2-15　多功能工具刀的四个应用场景

通过以上梳理，我们可以明显感受到场景的重要性。它犹如产品卖点的引导者，通过巧妙地布局和演绎，场景能够在消费者的思维中唤起电影般的画面，从而将产品的价值体现得淋漓尽致。

第二步：洞察目标客户的使用场景。

在之前的步骤中，我们已经从产品特性出发，梳理了可能的适用场景，到了第二步，就需要从目标客户的角度出发，更深入地探究他们一天的常见活动，设身处地去思考在哪些具体的时刻和场合中，我们的产品能够给他们提供帮助或带来价值？

为了系统梳理目标客户的使用场景，我们将关注四个关键维度：人物、时间、地点和事件。

人物维度：探究产品目标客户群体的基本特征、生活习惯、兴趣偏好，以及他们对产品的具体需求。

时间维度：分析目标客户可能使用产品的时间点，如工作日、周末、节假日，以及一天内的不同时间段，比如早上、中午、晚上等。

地点维度：确定目标客户可能会在哪些地方使用产品，如家里、办公室、公共交通工具上，或者户外、公园等。

事件维度：探索目标客户在日常生活中的具体活动和情境，如起床后享用早餐、工作疲惫时需要提神，或者在休闲时间与朋友会面、观看电影等。

举个例子，假设我们的产品是一款智能咖啡机，专为咖啡爱好者设计，那么，可以根据目标客户的日程来设计相应的场景。

早晨起床：早晨起床后，你把咖啡豆倒入智能咖啡机里，不出2分钟，就可以在家享受一杯新鲜冲泡的咖啡。香浓的咖啡香气填满整个房间，让你神清气爽开启新的一天。

休闲时光：在一个宁静的午后，阳光穿过玻璃窗，洒进房间。你坐在沙发上边喝着特调的咖啡，边阅读着喜欢的图书，享受属于自己的宁静时光。

社交聚会：到了周末，喜欢社交的你，邀请朋友来家里小聚，并精心准备了好看又好吃的蛋糕甜点。这时配上各种口味的咖啡，会让聚会更有氛围。

工作办公：在办公室工作时间久了，容易打瞌睡，这时用智能咖啡机冲泡一杯提神醒脑的咖啡，将会帮助你保持清醒，提升办公效率。

以上四个场景，蕴含了人物、时间、地点、事件等要素，字里行间展现着产品在不同场景中的吸引力。这种丰富而具体的场景刻画，为读者营造了一个生动的体验场域。

第三步：将基于产品卖点的适用场景与目标用户的使用场景相匹配。

在前两个步骤中，我们分别从产品卖点和目标用户的角度梳理了产品的用途场景。在这一步，我们需要将这两个角度的场景有机地结合起来，以形成一个引人入胜、自然流畅的叙述。

以一家电商平台上销售的女士微醺小甜酒为例。首先，根据产品卖点，我们梳理出它的适用场景，如表2-1所示。

表2-1　女士微醺小甜酒的产品卖点及适用场景

产品卖点	适用场景
甜而不腻，口感绝佳，喝多了不会上头	女性可以把它当作饮料来喝，不用担心会醉
小瓶装375mL，大瓶装750mL，方便携带	很容易塞到包包里带出去
特别设计的螺旋塞，开瓶非常简便	没带开酒器也可以轻松拧开瓶盖，只需加入一根吸管，就能畅饮

接下来，从目标用户——职场女性出发，进行使用场景四维度的梳理。

人物：职场女性

时间：下班后

地点：家里、电影院

事件：释放工作压力，和闺蜜度过休闲时光最后，我们将这两种梳理出来的场景匹配在一起，输出如下两段文案。

文案 1：工作压力千钧重，疲惫难挡，回到家，只想一个人静静地享受一杯酒。不知不觉，半瓶已空。舒缓的微醺状态帮你忘却一天的烦扰。这款酒，是疲劳时的良药，特别适合那些不喜欢酒后头晕脑胀的人。微微醺意，内心平和，是最温柔的抚慰。

文案 2：和朋友去电影院，想尝试点新鲜的吗？别再只是喝可乐、吃爆米花了！不如带上两瓶微醺小甜酒。电影开场时，旋开瓶盖，插上吸管，两小时的电影时光，刚好享受完一瓶美酒。如果你和闺蜜或另一半一起观影，还可以选择大瓶 750mL，两根吸管，一口一口分享，瞬间有种"整个电影院都被我们承包了"的感觉。

这两则文案通过将产品的卖点与潜在用户的生活场景融合在一起，以独特而吸引人的方式，激发了读者的兴趣。从中，我们也可以体会到好的场景文案不像是高高在上的广告宣传，而像好朋友给你一个很棒的灵感，告诉你怎么吃、怎么喝、怎么用某一款产品，提供了一种消费价值。

除此之外，为了能更加流畅地传达产品价值，"短、平、快"地写出文案，我们还可以采用**"优势＋场景＋比喻"**的文案结构。具体如下。

（1）优势：指产品本身的卖点、功能。比如，某款面膜的优势是提取深海鱼胶原蛋白，更补水；某款电动牙刷的优势是具有高频震动功能，牙齿清洁更到位。

（2）场景：通过场景描绘，用户能够在心中预演使用产品的全过程，更加直观地感受到产品带来的美好效果。以深海鱼胶原蛋白面膜为例，使用场景可以描述为："夜幕降临，你轻轻地敷上这款面膜，面膜中的精华提取自深海鱼体内的胶原蛋白，成分比起普通面膜上面的胶原蛋白分子结构更小。当面膜贴合脸部之后，仿佛拥抱般地滋润你的皮肤，头天晚上用，第二天早上皮肤还嫩噗噗的。"

（3）比喻：接下来，引入比喻进一步强调产品的吸引力。例如，对于上述面膜，我们可以加入比喻："敷完这款面膜，你的皮肤就像喝饱水一样，感觉用手都能挤出水来。"形象又生动的比喻，让用户能够立即想象出使用面膜后肌肤的水润状态，从而增强他们对产品的渴望。

综上，场景化文案的写作，就像在拍摄一部电影，受众是主角，产品则是配角。我们以文字为镜头，去创造这场电影，让产品走进用户的世界。若用户在心中反复播放这场电影，产品的形象便逐渐与他们的理想生活状态相融合，激励他们采取行动，选择将这份美好带入现实。

第 3 章

按下用户脑中的 "购买键"，提升销售力！

3.1 入脑入心：用"关联"连接产品和用户

假设你要在网上买一台电脑，在价格、品牌一样的情况下，看看下面哪组文案会更点燃你的购买欲望！

电脑文案一：

采用国际高端配置；

超大容量尽情发挥；

适合商务和休闲；

赠送超高性价比礼品；

无忧售后放心购买。

电脑文案二：

火箭级 i7 处理器，开机不到 5 秒；

512 GB+1 TB 内存，游戏随便下；

仅 A4 纸大小，装进包里随身携带；

赠送混光机械键盘，玩游戏不卡壳；

5 年保修，3 年上门服务，开心用个够。

我相信，第二组文案更能吸引你作出购买决策。因为它直截了当地告诉你：买了这台电脑，它可以给你带来什么样的好处。相比之下，第一组文案描述得比较模糊，很难让人有直接的收益感，还需要再琢磨一下："它的配置有多高端？高性价比的礼品又是什么？我能用得上吗？"

尽管如此，市面上仍充斥着与第一组文案类似的文案，比如

"×××空调,卓越品质,缔造精品""×××乳胶枕,果冻质感""×××抽油烟机,高效运行""×周年庆,钜惠来临"。

这种类型文案的典型通病就是,其内容仅仅围绕产品的属性和特点打转,而没有从消费者的角度出发,去思考他们真正关心的是什么。它在用词模糊的同时,也唐突地把产品硬塞给消费者,陷入一种以自我为中心的宣传模式,也就是所谓的"自嗨"。

3.1.1 "自嗨文案"的三大坑,你踩过几个

自嗨文案有"三大坑",分别是知识的诅咒、内容的空洞、与用户无关。每个大坑都是自嗨的雷区,稍有不慎,它就会让用户对我们辛辛苦苦写的文案敬而远之。

1. 知识的诅咒

写文案时,常见的自嗨现象就是"知识的诅咒",即在表达中过度假设受众拥有与自己相同的背景知识,从而忽略了解释和沟通的必要性。写产品文案时,人们常犯的一个错误就是,下意识地认为用户和自己对产品的认知处在同一水准。但实际上,文案作者已经积累了大量关于产品的信息,而用户对产品却是完全陌生的。

文案中的"知识诅咒"可能导致沟通障碍和阅读体验下降。如果我们错误地认为读者对产品有与我们同等的了解,可能会导致信息传达不全,或在文案中过多使用专业术语和行业黑话。这会使读者感到困惑,难以把握文案的核心,严重时甚至可能导致他们失去兴趣而停止阅读。

举个例子:如果要向没见过释迦果的人介绍释迦果,你会怎么写?

很多人会借助"百度百科"形成这样的描述:释迦果又名番荔枝,成熟时表皮呈淡绿色,覆盖着多角形、小指大之软疣凸起(由

许多成熟的子房和花托合生而成），果肉呈奶黄色，肉质柔软嫩滑，甜度很高。

这样的文案虽然专业，但是对于许多普通受众，他们读完之后依然很难对释迦果有一个形象的认知，不自觉地就中了"知识诅咒"的毒。

2. 内容的空洞

写文案时，我们常常肆意地加入"乐享""畅享""超凡""卓越"等空洞笼统的词语，以期让文案听起来更具吸引力，让产品看起来更加高端。然而，这种做法往往忽略了文案的核心目的——引发读者的认知、唤醒他们的记忆和产生共鸣的情感，向读者传达使用产品的真实感受，以及产品的价值。

美国文案大师罗伯特·布莱在《文案创作完全手册：文案大师教你一步步写出销售力》[①]一书中指出："假如文案写手不知道要说些什么，他们就会退而求其次，铺陈漂亮却空泛的文句、华而不实的描写，好填满纸张上的空白。读起来很美，但实际上等于什么也没说。而且，这则广告还卖不了产品，因为它的文案什么也没告诉消费者。"

内容空洞的背后是思考的缺失。当我们懒得思考用户真正在意的是什么时，用"畅享""乐享"等词语当然是最简单的选择。我们在思考缺失的情况下撰写文案，往往会导致同质化现象，即不同品牌和产品使用相似的表述，缺乏个性和区分度。

例如，大家经常光顾的餐饮店都会出现"讲究""严选""美味"等常用字词。这种文案其实有与没有没什么差别，因为在每一家店我们都能看到同样的字眼。它们只能如浮光掠影般从人的脑海

---

① [美] 罗伯特·布莱. 文案创作完全手册：文案大师教你一步步写出销售力 [M].
北京：北京联合出版有限责任公司，2013.

里一纵而逝，不能给人留下任何印象，更谈不上有说服力。

3. 与用户无关

我们在写文案时，很容易把要卖的产品看得很重，就连吃饭、睡觉，都一直想着与产品有关的事，不知不觉会陷入"管窥效应"中——因过分关注某件事，无形中放大了这件事情的重要程度。这也是为什么很多文案只停留在产品属性或产品特点等层面，却和用户所关心的没有关系。

产品用户是怎样想的呢？如图 3-1 所示，他们有自己的生活及关注的事情，比如子女教育、家庭收支、职场晋升、父母身体、个人形象，等等。总之，在我们的眼中，产品占据了中心位置；而在用户的眼中，并没有产品的立足之处。

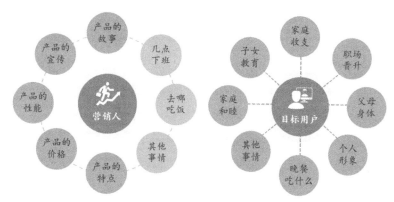

图 3-1　营销人与目标用户的对比

奥美"文案女王"林桂枝说："做广告的误区之一，就是你不理会人，人不理会你。"如果我们写的文案与用户所关心的事情没有关系，他就没有理由去关心产品怎样。

以上三种"自嗨"类型，是我们写文案时容易掉入的"坑"。如何才能避坑而行，和"自嗨"说再见呢？

用户视角是避免"自嗨"的超级武器，更是连接产品与用户之间的桥梁。很多时候，我们的感受不重要，用户的感受才重要。用户视角就是要真正站在目标用户的角度去感受、去思考，洞悉他们真正在乎的事情是什么，理解他们的痛点，顺应他们的认知，进而将其与产品特性联系起来，刺激他们的购买欲。

拥有用户视角的文案，是经过思考加工后产生的结果，需要克服大脑的第一直觉——自我视角。它与自我视角形成鲜明对比，后者往往关注"我是谁，我卖什么"，用户视角则强调"你需要什么，我能满足你什么需求"。

以广告界的传奇人物大卫·奥格威为例，他为英国奥斯汀轿车撰写的文案就充分体现了用户视角。如果从自我视角出发，文案可能会简单罗列产品的优势，如"奥斯汀轿车比同款车型更省钱，便宜××%"或"奥斯汀轿车折旧率低至××%，超级保值"。

然而，奥格威的文案则不同。他写道："我用驾驶奥斯汀轿车省下的钱，送儿子到格罗顿学校念书！"这种表达方式不仅深刻洞察了用户的需求，也巧妙地突出了产品的卖点。

因此，撰写文案之前，我们必须首先定位用户，弄清楚是谁在看文案？产品又在解决谁的问题？是男人还是女人？是老人还是小孩？是高级白领还是蜗居城市的普通工薪族？

举个例子，当谈起白酒的消费群体时，你是不是很容易想到一群40～60岁的中老年男士？这群人坚信历史和传承是品质的保障，所以大多数高端白酒的文案恨不得把五千年历史文化写进去。

但如果想把白酒卖给年轻人，就要从年轻人的角度来分析文案怎么写。"江小白"这个白酒品牌，在文案方面就自成一派，通过关键词，如友情、青春、爱情、异乡打拼等，创造了与年轻人情感共鸣的表达。如图3-2、图3-3所示，诸如"不是我戒不了酒，而是我戒不了朋友"，或是"难忘的是故事里的酒，回味的是酒里的故事",这些富有深意的文案,会让文艺青年津津乐道好一阵子。

图 3-2　江小白文案

图 3-3　江小白文案

用户视角，简简单单四个字，却是对人们本能的克制。习惯了自我视角，写文案的时候，我们如何才能快速切换到用户视角呢？关键在于与用户建立关联。下一节阐述具体的与用户建立关联的策略。

3.1.2　建立三个关联，从自嗨到共嗨

基于用户视角的文案，应当以用户的认知为中心，紧密契合用户的感知进行创作。用户喜欢熟悉的、具体的、与自己有关的内容。为了满足用户的这一偏好，我们要在文案中做到"三个关联"。

1. 关联用户熟悉的事物，干掉陌生概念

人们天生对不熟悉的事物感到不安，习惯于用现有的知识框架去理解新信息。对于一个完全不具备背景知识的人来说，大量的描述性语言和一遍遍解释会让人完全找不着北。因此，文案应当与用户已知的事物建立联系，创造一种熟悉感，这有助于他们迅速理解和把握陌生事物。

以前文列举的描绘"释迦果"的文案为例，我们利用关联改造一下它：

"释迦果的果实表面布满了圆圆的、淡绿色的突起，像是放大版的"荔枝"，外表凹凸不平。果肉是奶黄色的。当你吃一口释迦果，那味道就像吃一支奶油冰激凌，软糯香甜。"

通过这样的改造，文案不仅变得更加生动和形象，而且通过将释迦果与读者心中已有的佛教文化符号相联系，增强了读者的认知和记忆。这种描述方式不仅能够让读者迅速在脑海中构建起释迦果的形象，还通过指出其味道与广为人知的奶油冰激凌相似，进一步激发了读者的好奇心，引发了他们尝试的欲望。

同样，对于"每100克鱿鱼干含胆固醇871毫克"和"吃一

口鱿鱼等于吃 20 口肥肉"这两句文案,显然是后者让人印象深刻,因为大部分人对 871 毫克胆固醇没有准确的认知,但肥肉却是每个人都熟悉的事物。

又如给老人群体介绍一款人工智能按摩椅产品,文案是这样写的:"智能按摩椅,给你非一般的体验。"假设你是目标客户(老人),能够轻易理解这句话的意思吗?恐怕大部分老人难以理解。

如果文案这样说:"躺在 ×× 按摩椅上,就像您女儿平时在帮您按摩一样舒服。"相信这句文案会比前面的更能让目标客户(老人)理解,因为老人或多或少有过女儿帮自己按摩的经历。

在小红书平台上,我们也会发现那些流行的化妆品功效也关联了大众熟悉的事物,比如用"皱纹小熨斗"来替代"紧致轮廓",用"瑕疵橡皮擦"来替代"无痕遮瑕"。这些替代的文案,很容易给用户留下深刻印象,并且一眼就能让人们明白产品的主要功效。

所以,写文案时,我们不妨想想自己要描述的事物和用户熟知的事物有哪些相似点,该如何建立关联。通过这种关联,我们利用用户已经理解和熟知的事物,来解释未知事物,让他们在短时间内理解产品的各种未知概念或者功能,降低理解成本。

2. 关联用户能脑补的事物,去除文案的空洞感

如表 3-1 所示,我们先看一下空洞的文案与能脑补的文案在用词上的区别。

表 3-1　空洞的文案与能脑补的文案的用词区别

空洞的文案	能脑补的文案
种类丰富	种类高达 32 种
非常好喝	连最后一滴都会喝完
运动鞋轻柔舒适	穿上它就像踩在棉花上
肌肤净透光亮	健康奶油肌

空洞的文案往往缺乏实质内容，无法让人"入脑"。例如，"极致享受""领创如你""强劲性能""时尚简约"等表述，虽然听起来华丽，但未能具体说明产品的独特之处，也不能激发读者的购买欲望。

相比之下，能脑补的文案通过生动、具体的描述，让读者在脑海中自行构建起对产品的认知，直观地感受到产品的实际好处，还能够激发他们直接"脑补"出使用产品的具体场景。

比如，我们要去卖蓝牙耳机，如何描述蓝牙耳机的音质好呢？普通的耳机文案是"畅听无阻，随享音乐"，消费者看到只觉得空洞无感。能脑补的文案是"当钢琴声响起来时，悠扬的旋律从左耳冲向了右耳"，则可以让消费者想象到用这个耳机听音乐时的沉浸式体验，感知到这款耳机的纯净音质。

关联用户能脑补的事物，就像在文案中为用户构建了一座"联想的桥梁"。它能够激发用户对于事物的想象，让产品更好地"入脑"。

3. 关联用户关心的事物，让文案与用户有关

引用一个非常知名的商业思考：当客户买电钻时，他到底买的是什么？是真的买电钻吗？不是，是买电钻给他打的孔吗？好像也不是。买孔做什么，是买来挂家人的合照吗？为什么要挂家人的合照呢？是因为客户想要感受合家欢乐。

这个案例不是剖析买电钻的客户到底想要什么，而是帮助我们理解：客户想要的是产品能为他带来的好处。写文案时，我们需要站在对方角度思考他的目标和动机，将要写的产品关联到用户关心的好处上，诉诸消费者的利益，才能激发他们的购买欲望。

比较实用的办法是，写文案前多问一句：产品的卖点和用户有什么关系？对他们的好处有什么？能帮助他们完成哪些重要任务？

举个例子，现在需要给某一品牌的洗碗机写文案，卖点是除菌能力强，站在产品视角写的文案可能会是："×× 洗碗机，除菌力高达 95%，更放心！"

请仔细想想，用户真正关心的是"除菌率"这个参数吗？他们固然关心这个参数，但最终要买的理由并不是除菌率高，而是由此获得的好处和利益。接下来，进一步思考：除菌率高和用户有什么关系？对他们的生活有什么好处？用户选择洗碗机，不仅是因为一个高除菌率的承诺，而更是因为他们渴望给予家人一个更健康、更安心的用餐环境。

因此，我们的文案应该聚焦于这一点，修改为："×× 洗碗机，消灭餐具表面 95% 残留细菌，不仅洗净每一个餐具，更为您和家人筑起一道健康防线。每一次用餐，都是对家人健康的一份保障，让您的关爱在细节中体现。"

通过这样的改编，文案更加贴近用户的实际需求，强调产品如何提升生活质量，而不仅仅是技术指标的展示。

《科学的广告》中提到："广告主做广告，要每秒必争，最好能短短几秒内用黑猩猩都听得懂的大白话回答消费者几个最大的顾虑。别以为消费者很关注你的公司、很在乎你的产品属性，事实是他们根本没兴趣花心思揣摩你的文案，请简单直接告诉我你的产品 / 服务能给我什么好处！"

综上，撰写文案时，我们关键是要与消费者建立紧密的联系。无论是借助消费者熟知的事物，还是关联他们能脑补的具象事物，抑或是直接关联到他们所关心的利益点，这些策略都能极大地提升文案的说服力。

因此，仅仅钻进文字里，根本写不出好的文案。只有超越文字本身，站在消费者的角度想问题，与用户形成紧密联系，我们才能从自嗨走向共嗨，实现更好的转化。

3.2 信任升级：从劝说到引导的"三个呈现"

传统的劝说型文案常常会引发人们的质疑。例如，文案中写"这部相机具备卓越的性能，绝对是您的不二之选"，用户可能会反问："你说它卓越，怎么证明呢？我为什么要相信你？"这是因为，劝说在潜意识中有控制的味道，好像强行向某人灌输想法。然而，人们天生不喜欢被操控，更愿意相信自己的判断与直觉。

引导型文案则大不相同，它会提供有销售力的卖点依据，让消费者自己去判断卖点结论。因此，我们的文案写作需要从劝说过渡到引导，目标重点在于展示从卖点到结论的逻辑过程。这就好比在用户和产品卖点之间形成一根清晰的思维"管道"，用户可以顺着这个通道，轻松地理解我们真正想要传达的卖点，而不是被迫接受一个既定的结论。

写文案时，我们可通过精心设计的"三个呈现"来实现这一目标，即**呈现事实、呈现细节、呈现对比**，进而引导消费者形成自己的判断。

3.2.1 呈现事实，说出真实的产品特点

在消费者对产品有了初步了解之后，他们的兴趣中往往会夹杂着疑虑：这些宣传都是真的吗？如果想进一步获取他们的信任，我们就必须让他们感觉到我们写的不是"广告"，而是"事实"。所谓的"事实"，意味着客观列举，不吹不黑，让读者能够自行验证其真实性，以此证明产品值得信赖。

现代广告教皇大卫·奥格威就热衷于呈现让人惊叹的事实。他

最为人熟知的创作之一是给劳斯莱斯汽车写的文案："在这辆时速 60 英里的劳斯莱斯里，最大的噪声是它的电子钟。"这不仅是一句广告语，而更是一个令人信服的事实，一个能够让消费者直观感受到劳斯莱斯汽车静谧性的事实。

在文案中，将产品的特点还原成具体事实来呈现，引导消费者在事实中得出结论，是一种非常有效的方法。举例来说，一款智能手表的文案是："连续佩戴三天，仍有满格电力。"这样的文案就是在描述一个观察到的事实，而不是在写一个广告。

此时，如果消费者真正需要一款智能手表，他们可能会对"电池三天依旧满格"的声明感到好奇，而不是怀疑。这种好奇心会推动他们进一步探索产品详情，了解如何实现这样的电池性能。

事实是引人注目的广告语，因为它们通透、直白，不容忽视。在这个信息爆炸的时代，消费者渴望真实性和可信度。因此，我们应该不断努力将产品特点转化为有形的事实，用事实的力量赢得消费者的信任。

3.2.2 呈现细节，绘制生动的产品画面

在当今这个产品同质化日益严重的时代，我们深知，真正区分产品的，往往是那些不易察觉的细节。以苹果为例，两个外观相似的苹果，可能在生长过程中有着截然不同的经历。比如，其中一个苹果比另一个多享受了一周的阳光照射，这短短的一周，足以让它的甜度和口感产生显著的差异，使其在众多苹果中脱颖而出。

打动人心的力量往往藏在细节中。产品的细节，直接关系到产品的品质。因此，如果我们想要让用户深刻感知到产品的独特之处，就必须深入挖掘并生动展现那些看似微不足道、实则至关重要的细节。

接下来，请阅读下面三条文案：

A. 我们的蜂蜜是纯天然的，无任何添加剂。

B. 我们的种植牙手术时间很短。

C. 我们的水果很新鲜，直接从果园送到你的口中。

它们都是典型的劝说式文案，缺乏深度和细节。大多数人看到这样的文案时会产生怀疑：每个人都能这么说，为什么要相信你呢？

那么，如何修改上述三条文案以真正打动用户，赢得他们的信任呢？答案很简单：增加更多的细节，使描述更具体。

针对 A 文案中的蜂蜜纯天然，我们可以描绘一下蜂农养蜂的过程，以及蜂蜜是如何被保存的。文案或许可写成："我们的蜂蜜采自秦岭南麓，每天清晨，勤劳的蜂农穿梭于蜂箱之间，在巡检中，实时监测蜂巢的温度、湿度、蜜量，确保采集到的蜜是纯净的。此外，蜂农们都会在阴凉干燥处，把蜂蜜倒入玻璃瓶中，然后拧紧瓶盖密封起来，这样我们才能吃到色、香、味口感最好的新鲜蜜。"

针对 B 文案中的种植牙手术用时短，我们可以用数字化表达的技巧来提高用户的感知度。比如："整个手术只需要 10 分钟，甚至可以在手术台旁边放置一个计时器，闭上眼睛眯一觉，手术就完成了。"

针对 C 文案中的水果新鲜，我们可以从水果采摘、运输的时间线来描述细节。文案或许可以写成："早上 5 点天微微亮，果农趁着露水就到果园去摘，然后精心打包，全程顺丰冷链配送，最迟下午 4 点就能送到你手上。"

很多好文案是从非常细枝末节之处切入产品，打动消费者的。要创作出这样的文案，我们需要对产品进行深入了解，从而挖掘出那些能够引起共鸣的细微之处。

想象一下,若要给一款新型智能手表写推广文案,这个过程要求我们细致探究手表的各个方面。

外观设计:手表的美学特征,如形状、颜色、材质,以及它们如何吸引人们的目光。

功能特点:手表的实用功能,比如健康监测、智能提醒,以及它们如何满足用户的需求。

性能参数:手表的技术规格,如电池寿命、响应速度,以及它们如何保证产品的可靠性。

日常生活的融合:手表如何融入用户的日常生活,增强便利性或提高生活质量。

创新之处:手表相较于市场上其他产品的创新点。

只有深入理解这些方面,我们才能在文案中巧妙地融入产品的独特细节,吸引并打动潜在客户。

3.2.3 呈现对比,凸显拔尖的产品优势

《影响力》一书提到:"人类认知原理里有一条对比原理,如果两件东西很不一样,我们往往会认为它们之间的差异比实际的更大。"想象一下,如果我们先搬一件轻的东西,再拿一件重的东西,会觉得第二件东西比实际上更沉。但如果我们从一开始就直接搬起那个沉重的物体,可能就不会觉得它有多沉。

对比原理不仅适用于重量,还贯穿各种感官知觉。比如:吃东西的时候,如果我们先吃一块甜甜的糖,再吃一个苹果,那么苹果原本的清甜口感可能会变得相对平淡。但如果我们先吃苹果,就能更好地感受到它的甜味。

认知心理学家发现,人类在做决策和判断时,通常是相对的。

我们的思考过程容易受到周围环境和情境的影响。例如，面对两个相似的物品时，我们会本能地对它们进行比较。

如果没有对比，我们很难单独判断一个物品的价格是否合理，或质量是否上乘。因为我们缺乏绝对值的概念，更擅长理解相对值。只有将一个物品与同类商品进行比较，我们才能得出它的价格是否偏高，或质量是否出众。

从文案表现的角度来看，对比不仅是一种强有力的修辞手法，更是凸显产品优势的关键。如图 3-4 所示，它展示了一个简洁而有效的对比模型——BAB。在这个模型中，"Before"（之前）描述了用户使用产品前的状态；"After"（之后）展示了用户使用产品后的新状态；"Bridge"（桥梁）则是连接这两个状态的纽带，即产品本身，它说明了产品如何帮助用户实现从"Before"到"After"的转变。

图 3-4　BAB 公式

若用"BAB 公式"给某款玫瑰花茶写使用前后的对比文案，我们可以这样写：

Before（之前）：肝气舒展不开，上火，闷痘，发脾气，胸胀胸疼，长丑斑，总有一样会找上来，但大多数时候，它们都是前仆后继，无一缺席。

After（之后）：泡上一杯玫瑰花茶，整个人就像花朵一样开了。玫瑰花的浓郁香味，通遍全身，随之肝气也舒展开了，脸色也如玫瑰花一样红扑扑的。

Bridge(桥梁):这款烘干的有机玫瑰花瓣茶,精选七八分开的花朵,专业低温无硫烘干,保留了更多的营养物质,富含满满的花青素,每一口都自然芬芳。

除了呈现产品使用前后的对比外,我们还可以将产品与竞品进行对比,通过明确指出竞品的不足之处,包括它在设计、功能、质量等方面表现欠佳,或者提供的好处较少,甚至可能有负面效应,进而凸显目标产品的卓越之处。

假设我们要推销一款××烤箱,如果仅仅写:"煎烘一体均匀加热,3L 黄金空间更高效;上下双层发热管,360 度立体加热;加厚钢化玻璃烤箱门,全方位散热系统……"这种描述可能不足以让人意识到产品的优势。但是如果使用对比的方法,如表 3-2 所示,我们指出普通烤箱与这款烤箱的差异,就会令人轻松地作出购买决策。

表 3-2 普通烤箱与 XX 烤箱的对比

普通烤箱	×× 烤 箱
配置普通内胆,热量不能到达炉腔各个角落,烤大块肉类容易外熟里生	配置钻石型反射腔板,3D 循环温场,均匀熟,食物无死角
无法植入叉,功能少,不实用	特有 360 度旋转烤叉,能烤整只鸡,外焦里嫩
普通钢化玻璃,长时间高温烘烤时有破碎风险	经上万次防爆实验,研发出四层聚能面板,经得起千锤万烤

在线上购物平台的产品详情页上,对比方法被广泛用来突出产品的特点。以洗脸棉柔巾为例,如图 3-5 所示,通过与毛巾、纸巾、湿巾和化妆棉等传统擦脸用品的对比,我们可以清晰地展示其便捷性、耐用性和亲肤性。这些特性也使洗脸棉柔巾成为近年来备受人们欢迎的选择。

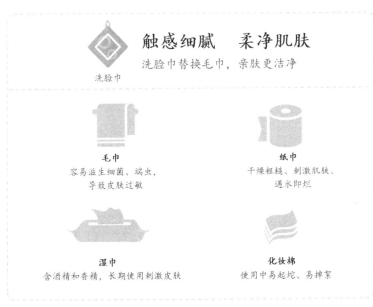

触感细腻　柔净肌肤

洗脸巾替换毛巾，亲肤更洁净

洗脸巾

毛巾
容易滋生细菌、螨虫，
导致皮肤过敏

纸巾
干燥粗糙、刺激肌肤、
遇水即烂

湿巾
含酒精和香精，长期使用刺激皮肤

化妆棉
使用中易起坨、易掉絮

图 3-5　擦脸方式对比

这种对比策略是展示产品独特卖点的有力工具。它不仅能够帮助产品在竞争激烈的市场中脱颖而出，更有可能让产品成为消费者心目中的首选。

在文案的丛林中，我们不是劝说者，而是引导者。要通过事实，呈现真实的产品特点；通过细节，绘制生动的产品画面；通过对比，凸显卓越的产品优势。这一切都是为了引导消费者自行作出判断。我们相信，当消费者基于全面的信息自愿作出选择时，产品的价值才能得到真正的体现和认可。

3.3　丝滑下单：三个助推器，让用户行动起来

想象一下，你写了一篇热水器的推销文案，痛点场景极具画面感，产品卖点极具吸引力，消费者阅读后，内心的购买冲动被迅

速点燃。但当他们接近完成购买的最后一步时,想到即将支付的费用,却陷入"再等等"的纠结中,在"购物车"和"结算"按钮之间左顾右盼,心里琢磨着到底是不是真的需要这个产品。

我们可以将消费者作出购买决策的过程比作骑大象:优质的产品是骑手,消费者的购买意愿则是大象,如果大象拒绝前进,无论骑手如何驱使,都无法令其移动。因此,当一个优质的产品难以激发消费者的购买行为时,关键在于转变消费者的认知,即改变他们对产品的看法。

本节将介绍三个改变消费者认知的助推器,分别是价格锚点、心理账户、紧迫感。这些策略在消费者作出购买决定时发挥着关键的推动作用,能够帮助我们成功打通客户下单前的"最后一公里"。

3.3.1 制造价格锚点,提高产品性价比

购物时,我们经常会发现这样一个现象:某商品建议零售价为29 元,却仅售 19 元。商家经常划掉原标价,然后写一个优惠价。实际上,原价是一个价格锚点。

所谓价格锚点,即商品价格的对比标杆,相当于一个基准线,直接影响着购买者对商品价值的判断。这背后就是锚定效应在起作用。锚定效应指的是人们在对某人或某事作出判断时,易受第一印象或第一信息支配,就像沉入海底的锚一样把人们的思想固定在某处。

举个例子,在电视购物中,我们经常会看到某款金项链不断降价的情况。一开始,市场价为 2.5 万元,然后逐步降至 9998 元,再降至 4998 元,最终达到史上最低价 998 元。

这种逐渐挑战价格底线的方式,不断打破人们的认知,使人们的消费理性难以维持,在冲动下就会打电话订购。如果没有这一价

格锚定，一开始就直接定为 998 元，可能令消费者感受到的是产品的廉价，而不是折扣的惊喜。

写文案时，我们如何利用价格锚点这个工具呢？

假设我们现在面临的任务是推销一款定价为 2199 元的高端热水器，而市场上有一个售价为 1499 元的竞品，深受价格敏感型消费者的青睐。面对这种情况，我们该如何在文案中写出吸引读者购买这款"2199 元热水器"的理由呢？

在文案的开头，我们介绍了 2199 元热水器的卓越功能和诸多好处，已经让读者觉得自己确实需要这个东西，但是在文末直接列出价格可能会让读者望而却步，因为价格较高，会引发读者产生犹豫，心想：这么贵，我得考虑一下。于是，他果断地关掉页面，去忙别的了。

面对消费者对产品价格的犹豫不决时，采用价格锚定策略，我们可以有效地影响他们的购买决策。这种策略基于图 3-6 中的两个关键原则，可以帮助消费者在不确定的情况下做出选择。

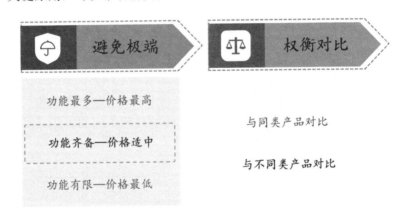

图 3-6　价格锚定的两个关键原则

第一个原则是避免极端：面对多个选项时，消费者往往会避开价格最低和最高的产品。这种现象在有三款不同价位产品可供选择时尤为明显:一款功能基础、价格亲民;一款功能全面、价格适中;一款功能豪华、价格昂贵。在这种情况下,大多数消费者会倾向于选择中间价位的产品。

所以,我们可以在热水器的文案中,加入一款 4299 元的竞品,把 2199 元、1499 元、4299 元的三款热水器放在一起作对比,2199 元的价格就会显得很合理,不高不低,正中消费者的小心思,因为他们心里会过滤掉极端的选项。

第二个原则是权衡对比:消费者无法判断价格时,会找一些自认为差不多的商品去作对比。比如,同类产品中热销的产品价格趋势,或者不同类商品的关联对比,以便让自己有个衡量标准。

这时,如果将 2199 元的热水器与"下馆子吃几顿饭""买几件新衣服"之类的消费行为作对比,就显得比较明智,因为热水器是刚需产品,后者是非刚需产品,而且还会花很多钱。如果把这个钱省下来买热水器,不是更划算吗?

之前,网上刷屏了一个很有意思的梗。网友们脑洞大开,把小龙虾和各大汽车品牌作了价格对比。其中有一张图片的文案是:"奔驰车没有你想的那么贵。小龙虾 88 元 500 克,奔驰的 GLA 200 车型,500 克只要 78 元。"还有一句文案是:"少吃一斤小龙虾,离你的梦想更近一步。小龙虾 88 元 500 克,阿尔法·罗密欧也仅要 88 元 500 克。"

这两句文案听上去是不是很有意思?我们用生活中熟悉的、价格相对较低的产品,和那些需要花大价钱购买的产品作比较,对比完成后,消费者就会发现,似乎后者也没那么难以接受。

在价格权衡对比层面,《爆款文案:把文案变成"印钞机"》[1] 一

---

① 关健明 . 爆款文案:把文案变成"印钞机" [M]. 北京:北京联合出版有限责任公司,2017.

书提出了两种巧妙的算账方式，即平摊和省钱，可以让消费者觉得买某种产品很划算。

平摊：当产品具有较高的耐用性，但价格相对较高时，我们可以采用平摊法，用总价除以预计使用的天数，计算每天的使用成本，从而让消费者感受到产品的经济实惠。

例如，一台售价 2800 元的洗碗机乍看之下似乎价格不菲，几乎与某些智能手机的价格相当，让消费者觉得很贵。然而，我们可以在文案中告诉潜在顾客，这款洗碗机预计可以用近 8 年的时间，每天仅需 1 元，就能告别油腻和烦琐的清洁工作，享受一个干净、整洁的厨房。

通过这种计算，我们不仅展示了洗碗机的长期价值，还有效地缓解了消费者对价格的敏感性，有助于将消费者关注的焦点从初始的高投资转移到产品提供的长期便利上，从而降低了价格作为购买障碍的可能性。

省钱：考虑购买新产品时，消费者通常会权衡其节省的潜在成本，包括能够节省的水电费或减少的替代品消耗。我们可以帮消费者算出每年，或是未来 3 ～ 5 年能省多少钱。当消费者迅速看到自己能够在短时间内收回投资，就会更倾向于视这项购买为理智之举。

以一款高端护肤霜为例，其标价为 2999 元，但通过商家的促销活动，购买一瓶即可获赠包括面膜、精华、口红在内的九款美妆产品。这样的优惠让消费者感觉他们以一瓶的价格获得了十种产品的体验，从而在心理上感觉到了巨大的实惠。

综上，避免极端和权衡对比两个原则让我们意识到：商品的价值是相对存在的，它的价格是否合理，消费者觉得是否划算，都需要一个参考点。基于两个原则设立的价格锚点则揭示了一个深刻真相: 消费者要的不是便宜, 而是感觉更便宜。

3.3.2 打好感情牌, 从心理账户中掏钱

在我们的生活中, 除了有银行账户之外, 每个人还有心理账户。这个账户记录着我们在不同情境下的行为和支出。想象如下这些情境:

- 你看中一件 1000 元的毛衣, 但却因觉得价格太高而一直未下手购买。但是当男朋友过生日时, 你花了 6000 元给他买了一个 iPhone 手机, 却没有丝毫犹豫。

- 你月薪过万, 对于这笔收入, 你会精心规划每一笔支出, 如 2000 元用于餐饮, 3000 元支付房租, 另外 2000 元用于娱乐, 等等。

- 你在商场看中一件价格不菲的裙子, 由于价格昂贵, 没舍得买。可到了生日那天, 你又来到商场, 开心地买下了那件裙子。

这些行为的背后是心理账户在起作用。心理账户的概念由美国芝加哥大学行为科学教授理查德·萨勒提出, 它指的是人们在心理上将现实生活中的支出和收益划分到不同的账户中, 并在此基础上进行编辑、分类、预算, 以及评估的过程。

心理账户反映了人们倾向于将资金按不同目的和意义进行心理层面的分类。尽管现实中我们可能只有一个银行账户, 但是在思维上却自然而然地创建了多个心理账户。如图 3-7 所示, 我们会把工资划归到"劳动所得账户"之中, 把年终奖放到"奖励账户"中, 把买彩票赢来的钱放到"幸运账户"里, 把亲朋好友的份子钱划归到"人情账户"里。

图 3-7　不同的心理账户

　　这种分账方式，常常影响我们在不同情境下对金钱的看法和使用。对于工资，我们会精打细算，谨慎支出；对于奖励，会抱着更轻松的态度花费；对于中彩票的钱，可能就抱着"挥霍"的心态把它花掉；对于人情往来的份子钱，会记在心里，等待时机"礼尚往来"。总之，我们会根据每个心理账户在心中的分量，来权衡自己应该做什么，不应该做什么。

　　理解了心理账户的概念之后，我们如何在文案创作中巧妙地运用这一心理学原理增强产品的吸引力呢？以下是两条实用的策略，它们不仅能够增强产品的销售力，还能够与消费者建立情感联系。

一、让产品关联用户情感

　　根据马斯洛的需求层次理论，随着人们生活水平的提高，情感需求成为人们更高层次的追求。相比于日常生活的开支预算，人们情感账户里面的预算通常更宽裕，也更容易被激发产生购买欲望。

　　以孝敬长辈为例，这是我们情感生活中的一个重要方面。老年人倾向于节俭，可能不愿意为自己购买营养品。然而，作为子女，我们却乐于在节日时为他们送上健康的关怀。这时，一则深入人心的广告语，如 "今年过节不收礼，收礼只收脑白金"，就能有效地将产品与消费者的情感需求相连接，引导消费者将购买行为视为情感表达的一种方式。

文案卖货的任务在于改变消费者对产品的认知，将产品从他们不愿意投资的心理账户转移到愿意积极投入的账户中。这种转变的关键，在于将购物行为与个人的情感需求联系起来，从而赋予购物更深层次的意义和情感价值。

二、让产品关联高权重账户

男性与女性、老年人与儿童、父母与子女，每个人的心理账户都是不同的。因此，在写文案时，我们要将产品或服务引导到客户最愿意投资的心理账户上，从而打动人心。

对于女性，她们的心理账户中，形象账户占有相当大的权重，热衷于通过时尚的服装、精致的包包和高质量的化妆品来提升自己的外在形象。相比之下，男性的心理账户更多地受到魅力账户的支配，因此，他们愿意花钱购买汽车、电子产品等，并乐在社交圈中展示自己的成就。

父母的心理账户中，有很大部分是教育账户，他们会为孩子报各种培训班，希望孩子不要输在起跑线上。孩子长大以后，他们会设立较大权重的孝心账户，挣钱之后，会给父母买保健品，带父母旅行等，以此表达孝心。

因此，当我们推广产品时，应该深入了解每类人群的心理账户权重，将产品特性与消费者的高权重心理账户相关联，这将激发他们对所关心事物投资的愿望。

例如，很多内容电商，其详细页不仅提供产品信息，还编织了故事情节，构建了引人入胜的场景。这些场景与爱情、友谊、尊严、自我提升等高级心理账户紧密相关。通过这种方式，我们可以巧妙地将原本被视为低端账户的产品，提到人们的高端心理账户中，使产品在消费者心中散发出独特的吸引力。

在当今消费主义盛行的社会里，每个人都在精心管理着自己内心的财务，每一次的消费决策都深刻反映了个人的喜好和需求。文案的使命是穿透这些复杂的心理账户，找到那些能够触动人心的共鸣点。我们追求的不仅是销售产品，而更是为消费者打造一种超越简单买卖的体验，让每一次购买都成为一段深刻的情感探索之旅。

3.3.3 紧迫感三重奏，不再"购物犹豫"

在文案写作中，即使我们已经成功地激发了目标受众的购买动机，他们仍可能在作购买决定时犹豫不决，思考是否再等等。为了促使消费者尽快作出购买决定，我们可以在文案中巧妙地引入限制性元素，如限时、限量或特定条件，以唤醒他们的紧迫感。

紧迫感可通过三个要素来体现：时间限制、数量限制和条件限制。

时间限制：比如，"特价 398 元，优惠截至 4 月 15 日，届时恢复原价 498 元。"

数量限制：比如，"前 30 位报名者将获得×××""仅剩下 20 个名额"。

条件限制：比如，"此特惠仅供会员享受""仅限北京海淀区的用户"。

限时、限量、限条件，其实就是在打造产品或者优惠的稀缺性。这种稀缺性对于吸引用户具有强大的魔力。由于人们往往对触手可及的物品不太感兴趣，当产品本身的吸引力不足时，我们可以通过添加一些限制性的边界增强其吸引力，让它变得更加稀缺，从而带给用户更强的刺激。

举例，感受下面几则文案，哪一条能够让你的行动欲望更强。

文案一："×× 产品正式上市，快来下单吧！"

文案二："×× 产品正式上市，限时 48 小时抢购有 8 折优惠，48 小时后恢复原价！"

文案三："×× 产品正式上市，仅限 200 件，24 小时抢购有 8 折优惠，错过本次，还要再等 2 个月。"

显然，文案三会更让人无法招架，我们自然而然地会认为那些即将失去或者难以获得的东西更有价值。因此，在推广产品或服务时，我们要不断体现稀缺性，可以是时间、数量上的稀缺，也可以是身份、地域上的稀缺。稀缺性一旦出现，它所产生的紧迫感可以促使人们立即作出购买决定。

然而，制造稀缺性及紧迫感的同时，我们不能忽略一个让用户行动的 "引爆点"。这个 "引爆点" 就是 "给出理由"，以增强文案的真实性和可信度。例如，简单的一句 "课程名额仅有 10 个，想要报名速来！" 不足以激发人们行动，因为它缺少了背后的理由，还可能引起消费者的怀疑。

为了提高文案的说服力，我们可以在原指令的基础上增加解释稀缺性的合理原因。文案可以改写为："为了保证每个学员都能 100% 出成绩，实行高质量精品小班教学，特限定 10 名学员，如果您希望参加，请抓紧报名！"

当消费者感知到我们的行动号召背后有合理的支撑时，他们更可能在内心深处感到安心，并对我们的提议产生信任。然而，如果我们未能有效消除他们的疑虑，这可能会成为提高文案转化率的一个重大障碍，哪怕产品本身极具优势。

在推动销售的过程中，创建紧迫感和稀缺性只是众多策略之一。无论我们采用何种策略，重要的是找到一个平衡点：既要保持产品的独特吸引力，又不能过于限制，以致消费者感到排斥。

总结而言，在文案的最后阶段，当消费者站在购买的十字路口犹豫不决时，我们可以通过价格锚点展示产品的性价比，利用心理账户挖掘消费者的情感投资，再借助紧迫感激发他们的行动欲望。这三个助推器的综合运用，不仅仅是销售技巧的展现，更是对消费者心理深刻洞察的结果。它们共同形成一种深层次的影响力，引导消费者完成购买过程。

下篇
实战"促转化"

第 4 章

搞定"三个一"，
打造文案必备工具箱

4.1 一个拆解思路，"偷窥"高质量文案转化路径

模仿是较高效的文案学习方法。所谓模仿，其实就是在自己的大脑内模拟体验别人的"脑回路"。而要成功模仿，首先需要进行拆解，深入学习绝佳作品，抽丝剥茧，逐步解开其吸引人的秘密，提取出可应用于自己写作的技巧。

文案拆解是一个从整体到局部、一环扣一环的逻辑。首先，需要对文案进行整体扫描，把里面的策略、洞察挖出来，从中找到文案写作的切入点。其次，进一步细化，逐一拆分文案的框架、内容和细节，发现作者的创作亮点。最后，总结规律，找到优秀文案当中的共同点，从而更好地向高手借招。

在拆解过程中，我们需要脱离读者模式，潜入作者的思维，带着显微镜去探究文案的内外肌理。下面就让我们从文案 X 光扫描开始，一步步揭秘那些爆款文案背后的创作路径和写作策略。

4.1.1 文案扫描，训练"洞察脑"

在深入分析文案之前，我们需要先对文案进行一番全面审视，类似于进行一次 X 光扫描。这一步骤的目的是清晰梳理出产品特性和目标用户信息，洞察文案的写作视角。为了更有针对性地收集这些信息，我们可以采用"3W2H 问题解答法"。

"3W2H"，即 What（什么）、Who（谁）、Why（为什么）、How（如何）、How much（多少钱），具体内容如表 4-1 所示。

表 4-1 "3W2H"问题解答法

	具体问题	信息收集
What	这是一款什么产品	了解产品的基本信息和特性
Who	目标用户群体是谁	了解用户标签、需求、偏好
Why	用户为什么需要这款产品	了解产品解决的用户痛点和满足的需求
How	产品是如何帮助用户的	了解产品功能、具体价值
How much	用户买这个产品需要付出什么成本	了解购买产品所需要的花费（金钱、时间）

下面以"十点读书"公众号中的一篇文章《入职第 10 天，那个精通 Excel 的女同事，涨薪了……》为例，展示如何运用"3W2H 问题解答法"来梳理一篇有关知识付费课程推广文案的内容。

首先，通过阅读原文，我们对文章进行初步了解。接下来，我们将运用"3W2H"方法梳理文案的核心要点。

（1）What（什么）：这是一套包含 26 节视频课程的职场 Excel 技能培训。

（2）Who（谁）：本课程专为那些希望提升工作技能、实现职场晋升和薪资增长的职场人士设计。

（3）Why（为什么）：在职场中，掌握 Excel 对于提高工作效率至关重要。缺乏这项技能可能导致工作进度缓慢，频繁加班，却难以获得上司的认可，从而影响晋升和加薪的机会。

（4）How（如何）：本课程精心提炼了 26 个核心技巧，适用于各种行业和职位，旨在解决工作中 90% 的数据相关问题。课程内容不仅包括数据处理，还将指导如何利用 Excel 进行素材整合、时间管理、项目管理，以及行动计划的制订。

（5）How much（多少成本）：全套课程 99 元，利用碎片化时间即可学习，不需要占据很多精力。

在这些问题中，"Why"和"How"是关键，它们分别对应用户的痛点和产品的卖点。通过此番分析，我们可以洞察到文案的核心——职场人士因 Excel 技能不足而面临工作效率低下、加班加点却得不到认可的问题。这种问题触发了职场人士的需求，为 Excel 技能课程的推广提供了充分的理由。

对洞察点捕捉的过程，也是训练"销售脑"的过程。它教会我们从销售的角度审视文案，学习他人如何巧妙地将用户需求和痛点铺设到文案之中，最终将这些技巧创造性地应用于我们自己的写作实践中。

4.1.2　三层拆解，从整体到局部"庖丁解牛"

在利用"3W2H 问题解答法"对文案进行了初步梳理后，我们转向更为精细的文案拆解阶段，按照从整体到局部的顺序，逐步分析文案中的闪光点。在这个过程中，我们会将文案拆分成一个个段落甚至句子，逐一进行深入分析，以确保我们不是走马观花地浏览，而是抽筋剥骨地挖掘。

文案拆解包括三个关键层次，分别是结构层、技巧层、元素层。每个层次都是形成有效文案不可或缺的一部分。

第一层：拆解结构层

结构是一篇文章的骨架，它奠定了整篇文案的基础。只有以结构打底，才能有内容案例的发挥空间。通过对结构的拆解，我们就可以快速洞悉文案是按照什么顺序和步骤来写的，更加精准地把控文案的创作路径。

以某短视频平台上的"好物推荐"为例，我们来分析一款"扫地机器人"的推广文案。该视频在点赞、评论和销量等关键指标上

都表现出色。以下是该视频的文案内容:

"以前每次回到家,地上总是满是狗毛和灰尘,扫帚一扫就飘来飘去,要蹲下来用纸巾一点点清理,有时还要翻箱倒柜才能清理到位,实在很累人。"

这段文案巧妙地描绘了人们日常生活中的痛点,在最短的时间内吸引用户注意,面临过类似问题的用户很快就能找到感同身受的共鸣感。

"直到朋友推荐了这款扫地机器人,一切都变得不同了。"

这句话自然引出产品,提供了一个针对前述痛点的解决方案,激发用户继续了解产品的兴趣。

"这款机器人配备了尖端感应技术,看不见的灰尘都能被吸出来。真空式吸口,没有缠毛的烦恼。小巧的机身,让角落的清洁一步到位。经过它的打扫,整个家里都变得焕然一新了。"

在这一段中,文案详细描述了产品的优势,并且配合拍摄镜头,植入生活场景,进一步加强了用户的购买动机。

"而且,它的价格非常美丽,只需要 2 顿海底捞的钱就能拥有,喜欢的朋友赶紧点击下方链接购买吧!"

最后,文案以一个明确的购买指令结束,引导用户采取行动。

通过对这段短视频文案的拆解,我们可以将其写作逻辑归纳为四步:吸引注意→引出产品→激发欲望→下达指令。这四步构成了文案的清晰路径,帮助产品推广者有效地构建并传达信息,从而吸引和说服观众。

撰写产品文案时,我们会发现许多文案其实都遵循相似的结构模式。在过去,广告大师们已经提炼并总结出多种"模型公式"来指导文案写作,堪称产品文案的"万能结构"。在众多模型中,AIDA 模型以其影响力和实用性,成为最广为人知的一个。

如图 4-1 所示，AIDA 模型通过四个连续的阶段来描述消费者的购买行为：A 为 Attention，即引起注意；I 为 Interest，即诱发兴趣；D 为 Desire，即刺激欲望；最后一个字母 A 为 Action，即促成购买。简言之，AIDA 模型概括了消费者从初次了解到最终购买的整个心理和行为过程，为文案创作和营销策略提供了清晰的指导框架。

图 4-1　AIDA 模型

遵循 AIDA 模型，文案的首要任务是抓住读者的注意力。这就意味着我们需要精心设计标题，确保它具有吸引力，并在文章开头设置一个"阅读钩子"来引导读者顺着阅读的滑梯读下去。

接下来，文案需要激发读者对产品的兴趣。这通常涉及识别并触及读者的痛点，让他们意识到自己对产品的需求。

然后，文案的工作是将读者的需求转变为对产品的强烈渴望。可以通过细节描述、竞品对比、权威认证展示或客户推荐来实现，让读者相信我们的产品是最佳选择。

最后，文案需要有一个强有力的行动号召，消除读者的任何疑虑，鼓励他们立即采取购买行动。

此外，ACCA 公式——"Awareness"（认知）、"Comprehension"（理解）、"Conviction"（确认）、"Action"（行动），提供了另一个

视角,它强调了认知产品、理解产品特性、建立购买意愿和促进购买行为的过程。

在文案结构层的拆解过程中,我们应深入理解这些模型。它们不仅是撰写有效文案的理论基础,而且每个模型都提供了独到的视角,帮助我们更好地把握消费者的心理和行为模式。

第二层:拆解技巧层

在这一层拆解中,我们从标题出发,经过开头、正文、结尾等各个部分,逐步分析并借鉴优秀文案的场景设置和表达角度。

以"标题"为例,通过拆解以下三个标题,我们可以提炼出热门标题的结构,后面写作可直接套用,既方便又高效。

标题一:《别死记硬背学英语了,每天花 10 分钟做这件事,英语水平逆天了……》

拆解标题结构:别痛苦地做某事 + 花很少时间做某事 + 某水平提高。这个结构否定先前的旧认知和做法,植入新认知和方案,形成新旧对比,凸显新方案的价值。

标题二:《她靠副业在上海买了千万大平层,AI 时代赚钱风口是什么?》

拆解标题结构:某人通过某方式 + 获得显著成就 + 利益诱惑型问句。这个结构利用好奇心驱动读者进一步阅读寻求答案。

标题三:《一款来自死海的宝藏洁面乳,是如何 1 分钟征服所有毛孔垃圾的?》

拆解标题结构:来自哪里的(信用背书)某物 + 如何在短时间内 + 达成某种显著效果的。这个结构凸显了产品的信用背书,以及利用时间与效果的对比来突出产品的优势。

以上的标题结构,可直接套用在要推广的产品上。比如要给一个健身课程写推广标题，就可以用标题一的结构，写出的文案可以是：“别逼自己饥饿减肥了，每天花15分钟做这件事，身材堪比超模……”

若要给一个小红书变现课程写标题，套用标题二的结构，文案可以写为：“我靠写小红书实现月入5万元，你知道变现的秘诀是什么吗？”

如果要给一个育儿课程写文案，套用标题三的结构，文案写为：“一堂来自海淀妈妈的育儿课，是如何在1小时之内帮你打通牛娃培养路线的？”

接下来，再以卖货长文案的“正文”为例，我们分别截取两段不同的正文风格来做拆解。如上文引用过的文章《入职第10天，那个精通Excel的女同事，涨薪了……》，截取的内容如图4-2所示。

案例一

年关将至，有的人狂冲业绩，坐等年终奖；有的人可能正被人事谈话，内心惆怅……

十点君的一位朋友婷婷，最近就向我吐槽，说自己10月才换的工作，现在可能要被辞退。

原来，最近部门开始做年底盘点，为了体现自己一年的业绩，她每天忙得四脚朝天，周末还继续加班，可最终领导只看了一眼，就给她绩效打C……

相反，她的同事小刘不仅每天正常下班，总结还比她交得早，却得到领导评价：

数据翔实、清晰直观，甚至有助公司决策，绩效为A。

婷婷说，“最近领导看我的眼神都不对了，可能是我的能力还不行吧……”听到这里，我再也忍不住了，只跟她说了一句话：你不是能力不行，而是缺乏数据思维！

图4-2　正文案例一

拆解：这是一个故事型开头，通过对比朋友婷婷与同事的工作成效，突出数据思维的重要性，从而引起读者对提升个人技能的关注。

再引用"丰巢商城"中的一篇文案《这款进口小红酒 200 天 7000 份盲测好评！绝配小龙虾，冰火九重天爽到爆！》，截取的内容如图 4-3 所示。

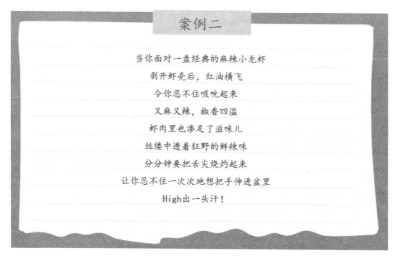

图 4-3　正文案例二

拆解：这是一段精彩的场景描写，通过对视觉、味觉、触觉细致入微又生动地描绘，强化小龙虾好吃的感觉，激发读者的购买欲望。

拆解的这两段文案，代表了卖货长文案的两种类型：一种是故事型；一种是种草型。它们最大的区别在于：故事型文案通常会讲一个让人感同身受的故事，唤醒读者似曾相识的经历，从而产生共鸣；种草型文案则侧重于详细描绘产品的使用体验和场景，以此吸引读者。

从标题到正文，对文案技巧层面的拆解，可以帮助我们挖掘出多种行之有效的写作技巧，比如讲故事、对比、场景描绘、感官体验、利益刺激等。通过模仿和实践，我们可以灵活地将这些技巧结合在一起，创作出效果不错的文案。

第三层：拆解元素层

元素层是颗粒度最小的拆解层次。我们在拆解中要重点研究文案中的基本元素构成，特别是那些能够引发情感共鸣的金句和具有强大吸引力的魔力词。

金句，顾名思义就是光亮可人、打动人心的句子。它们的结构和句式值得我们深入分析，并可被纳入文案素材库中，以备未来的写作之需。以下是一些典型的金句模式。

哪有……，只是……

世界上没有什么事情是……不能解决的。如果有，那就……

不是所有的……都……

多一点……，少一点……

什么是魔力词？就是直击人心的词语。我们可以通过深入理解用户的需求和心理来挖掘这些词语。还以文章《入职第 10 天，那个精通 Excel 的女同事，涨薪了……》为例，文中的"魔力词"包括：

"3 秒搞定"，对应了用户省事求快的心理；

"0 基础开始"，让没有相关经验的用户也能有信心学习；

"反复回看"和"随时学习"，打消了用户对于学习时间的顾虑；

"25 个 Excel 隐含小技能"，满足了用户对实用知识的渴望。

随着元素层的拆解完成，我们对如何创作有效文案的理解变得更加透彻。金句和魔力词的提炼，不仅为文案素材库增添了内容，更为未来的写作提供了宝贵的资源。持续地积累和巧妙地运用这些关键元素,将使我们的文案更加精准且充满说服力。

经过以上三层拆解,我们能从整体上看到文案的写作结构,从局部看到文案的技巧、元素。虽然拆解的内容可能显得零散,但通过进一步的整理和分类,我们可以将这些零散的结构、技巧、金句、魔力词串联起来,形成一份"知识手册",如表4-2所示。在每次写文案前,复习这份手册,可以帮助我们快速回顾和吸收所需知识。如此往复,文案水平就会有大幅度的提升。

表 4-2　拆解知识手册

原文段落	结构层	技巧层	元素层	
			金句	魔力词

4.1.3　总结规律,挖出爆款文案背后的"脑回路"

在文案拆解过程中,许多人虽然分析了大量的文章,积累了丰富的句式和魔力词,但是在模仿写作时,只能模仿到形似,没有模仿到神似,总觉得欠了点火候。这个问题的核心在于忽略了一个关键步骤——总结规律。

总结规律要求我们深度思考为何别人要这么写?底层逻辑是什么?也就是要挖出优秀文案背后的"脑回路"。

举个例子,某个付费课程要突出"畅销、口碑好"的特点,文案写为:"已经有28888位小伙伴报名学习,近8成用户重复学习3遍以上。"某款蛋糕要突出"果肉多"的特点,文案写为:"这一盒

450 克的芒果千层，就要用到 250 克芒果肉。"我们会发现，这些文案在表达上给人的感觉很真实，容易赢得别人的信任。

然而，若止步于文案的表面分析，我们将会错失深层次思考的机会。我们应当进一步追问："为什么这些文案能够激发人们的信任感？背后的原因是什么？"通过寻找这些问题的答案，就能够获得更有价值的洞见，从而更有效地指导文案创作。

为了挖掘背后的答案，一个有效的方法是自己尝试写文案，然后与优秀文案进行对比，找出差异所在。比如，对于同一付费课程，自己可能写出的是："超过 20000+ 学员报名，纷纷反馈课程效果好。"对比上面的文案，我们就会发现对方的文案表述更为具体，如"28888 位小伙伴""8 成用户"以及"学习 3 遍"等。相比之下，我们的表述"20000+"显得过于笼统，而且在描述课程效果时使用了"效果良好"这样模糊且泛泛的评语，缺乏具体性和说服力。

通过对比分析，我们发现了文案创作的一个关键原则：使用形容词如"效果好"来描述产品特点或卖点，往往不如具体数字能够激发消费者的信任感。例如，含糊的"水果很甜""面膜很敷贴""手表很防水"等表述，缺乏具体性，可能会让消费者感到不真实。

进一步，我们认识到，在撰写卖点文案时，为了增强信任感，应避免使用模糊的形容词，而采用更精确的数字和事实来表达。这一认识是对文案写作底层规律的深刻提炼。如果我们的分析仅仅停留在表层的遣词造句上，那么看到的只能是"越具体的卖点，信任感越强"，而看不到"将形容词替换成数字，让卖点更具体"。

因此，拆解不仅是一种分析手段，更是一种发现和应用规律的过程。随着对这些规律的持续学习和理解，文案写作的系统性知识将逐步构建和加强。然而，这不是一蹴而就的，需要通过不懈地学习、实践和深入反思来实现。

文案的每一次拆解都是向前的一步,每一次对规律的总结洞察都为创作出更加精彩的文案打下坚实的基础。通过这种点面结合的学习路径,文案新手方能跃迁为高手。

4.2 一个素材库,将好素材转化成写作灵感

想写好文案,需要养成积累素材、进食素材的习惯。正如"巧妇难为无米之炊",素材就是做饭用的米,没有素材,文案就缺乏创作的基础。因此,构建一个私人的素材库很有必要,以便随时检索和调取所需的资料。

然而,建立素材库并非简单地将优秀的文案或句子复制粘贴而已。仅仅这样做只能算是"素材积累",如果缺乏独立思考和正确整理,即便找到再好的"参考",也只是一堆没有灵魂的文字碎片,毫无意义。

从收集素材到整理素材,再到运用素材,经历着"动眼—动脑—动笔"的有序过程。在这个过程中,思考和应用素材十分重要。通过深入分析和创造性地应用所搜集的信息,我们写的文案才能生动、有力。

4.2.1 建立三个素材池,定期进食"美味素材"

有效收集资料,是顺利开展文案工作的起点,它会让我们获得较佳的起跑优势。我们应该养成习惯,将日常生活中遇到的优秀文案和句子记录下来,并进行分类整理。如图 4-4 所示,这些素材可以被系统地归档到三个不同的素材池中。这不仅有助于保持组织性,也便于我们在需要时快速取用。

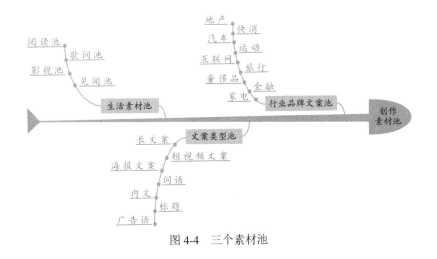

图 4-4　三个素材池

素材池一：行业品牌文案池

这个池子存放着多个行业品牌的文案、海报、方案等。按行业类型，它分为地产、汽车、互联网、奢侈品、家电、快消、运动、旅行、服装、金融等多个不同的小池子。这种分类方式有助于我们深入了解某个品牌的定位，以及在不同年代、不同载体上对应的营销推广手段，帮助我们培养策划大局观。

建立行业品牌文案池，还能帮助我们了解不同行业的属性、用户特征，以及文案调性，也方便我们"跨界"借鉴不同行业的文案创意。比如给科技产品写文案，可以借用奢侈品行业的写作套路；给快消品写文案，可以参考运动品牌的写法。

为了持续更新我们的资料库，推荐定期浏览数英网、Socialbeta、麦迪逊邦、广告门、Topys 等行业网站，从中了解不同行业的发展趋势以及前沿观点，不断吸收素材营养。同时，关注各大品牌在微博、微信公众号等社交媒体上的动态，也是收集素材和学习他人可取之处的有效途径。

素材池二：文案类型池

这个池子存放着按文案类型分类的素材，包括广告语、标题、内文、词汇、海报文案、短视频文案、长文案等。

当池子中的素材足够多时，我们可以按照创作手法及文案技巧再进行分类，比如利益主张型、痛点扎心型、打动情感型、反差对比型、故事冲突型、文字游戏型、制造悬念型……

也可以按照用途、展现形式、主题内容等来细分。以 "海报文案" 为例，按用途，它可以分为销售类海报文案、公益类海报文案、品牌类海报文案等；按展现形式，它可以分为电子海报、公交站台海报、地铁站海报、电梯海报、易拉宝海报等；按主题内容，它可分为节日海报、活动海报、电影海报、产品海报、人物海报，等等。

素材池三：生活素材池

生活中的事、遇见的人、洞察到的现象、听到的趣闻、旅行过的地方、看过的电影、读过的书、听过的音乐，等等，都是文案宝藏。我们需要在生活中主动猎捕素材和灵感，每天记录一些触动心弦的言辞、引人入胜的画面、感人至深的故事，抑或是个人领悟。生活的素材灵感库一旦丰盈，便是我们创作的源泉。

对于在生活中捕捉到的素材，我们都可以统一放入生活素材池中，再按照不同的来源进行分类存放，比如阅读池、歌词池、影视池、见闻池。下面逐一看一下每个池子承载的内容。

1. 阅读池

网上有个搞笑的段子：如何才能看出读书和不读书的区别？有三个场景展现：

当看到夕阳余晖与群鸟交相辉映，脑海浮现的是"落霞与孤鹜齐飞，秋水共长天一色"，而不是："好多鸟，真好看！"

当看到大雪时，说的是"雪花飞舞、千里冰封、万里雪飘、堆银砌玉……"，而不是只会说："哇，雪好大。"

当形容心情不好时，说的是"垂头丧气、郁郁寡欢、心烦意乱、忧心忡忡……"，而不是只说："我郁闷。"

上面的段子有些夸张，但它说明了丰富的词汇量对于文案写作的重要性。当脑海中词汇量多的时候，我们对于事物的形容和观点的表达会更加有层次，更加丰富。反之，储备的词汇量如果很少，表达就会单调、乏味。

文案写作中，很多人的通病是写出来的东西千篇一律，这往往表现为重复使用相同的句式和词汇。为了打破这种模式，平时就要多读一些优秀的图书、文章、诗词等，增加自己的词汇量。在阅读中遇到精彩的语句或段落时，应当及时摘抄并记录下来。在闲暇时，通过不断复习这些记录，我们可以吸收其精华，激发自己的创作灵感。

阅读也是写文案的"神助攻"。现代广告奠基人克劳德·霍普金斯在《科学的广告》一书中说："一名勤奋的广告人经常要花费几周时间查阅资料。也许他翻阅了大量资料，却没有找到几条有用的信息。但是，一旦找到某条特定的信息，他就为广告的成功奠定了基础。"

我们在平时阅读任何作品的时候，可以问自己一个问题：里面的一段描述文字是否可以放在某种产品上呢？这样的思考练习能帮助我们延伸创意的触角。比如，要给新上市的汽车写段文案，这时就可以阅读一下与动力学、设计与装饰、旅行相关的图书。只管让我们的大脑从这些书中汲取一些信息，为将来的创意打下基础。

知名剧作家赖声川在《赖声川的创意学》[①]中表示:"如果我们的心像一台电脑,在创意发生的一刹那,就是一种软件被启动了,自动寻找档案、挑选档案,并将这些档案放置在同一个新档之中,这就是灵感的发生。"所以,阅读就是我们积累档案的过程。我们阅读的内容越多,写文案的灵感就越多。犹如蜜蜂一样,采过许多花,才能酿出蜜来。

除了深入阅读书籍之外,我们还应该利用碎片化时间广泛浏览网络文章。这些文章能为文案写作提供多样化的视角和风格。文章中不同的主题和观点,有助于拓宽我们的视野,形成新的写作思路。

2. 歌词池

歌词与文案在某个角度上有着相似的特性,都需要洞察人群、传达态度。为了打动听众,歌词必须用简洁而富有深度的文字来创作。大师级的词作者如李宗盛、方文山、林夕和罗大佑,他们的作品总能深刻地触动人心,引起听众的情感共鸣。

林夕的歌词善用各种修辞,生动描绘缠绵、复杂的情感,以婉转曲折、隐晦的笔法表达深层次的感情。如"我怕来不及,我要抱着你,直到感觉你的皱纹有了岁月的痕迹",歌词温暖细致,缠绵悱恻,看起来很悲伤,却又让人心旷神怡。

李宗盛的歌词常以平凡的白话表达,他将自己的经历和最真的感情,用生活化的平实语言写进歌里。如《山丘》中有对年轻人的劝勉,"因为不安而频频回首……不知疲倦地翻越每一个山丘……虽然已白了头",还有对旧情的回眸,"为何记不得上一次是谁给的拥抱 / 在什么时候……抚摸了爱情的无尽伤痕"。这样的

[①] 赖声川 . 赖声川的创意学 [M]. 桂林:广西师范大学出版社,2020.

歌词勾勒出一幕幕让人共鸣的画面，仿佛每句都在诉说着个人的经历。

有些歌词，甚至可以直接拎出来做文案，堪比无缝贴合。比如马頔《南山南》中的"你在南方的艳阳里大雪纷飞，我在北方的寒夜里四季如春"，可用于描绘保暖驱寒类的产品。

周杰伦《青花瓷》中的"天青色等烟雨，而我在等你"，"等你"两字的使用，可与时下大量的单身群体相结合，适用于相亲、交友类的情感类网站。《蜗牛》中的"我要一步一步往上爬，在最高点乘着叶片往前飞。小小的天有大大的梦想，我有属于我的天"，适合户外运动广告。

许巍《生活不止眼前的苟且》中的"生活不止眼前的苟且，还有诗和远方的田野"，自然地与旅游类产品挂上了钩。

五月天《倔强》中的"我在风中大声地唱，这一次为自己疯狂"，很适合给音乐节做文案，伴随着现场的气氛，唱出属于自己的歌。

苏打绿《小情歌》中的"你知道，就算大雨让整座城市颠倒，我会给你怀抱"，其中"大雨""城市""怀抱"这些词语的使用，就为打车类软件创造了条件：再大的风雨，也能安全护送你到达目的地。此外，也可延伸至快递、外卖等服务型行业。

我们听音乐的过程中也要保持敏锐的触角，将打动人心的歌词记下来，在唱歌的同时，细细体会其中的用词用句，洞察人物的情感。所以，写不出文案，就去听听歌吧！

3. 影视池

影视是一个包罗万象的领域，它不仅涵盖了电影和电视剧，还包括纪录片、综艺节目等多种形式。这个领域形成了一个丰富的内容宝库，为创意提供了无限的灵感源泉。通过广泛观看和分析这些作品,我们能够汲取到丰富的素材,从而激发自身的创造力。

观看影视作品的过程中,我们可以琢磨某个电影是如何讲一个桥段或者故事的。甚至很多影视作品的台词本身都是很好的文案,我们只需要通过"拉片"将它们揪出来。

比如《花样年华》的台词"如果有多一张船票,你会不会跟我一起走?",很适合订票出行网站的文案写作。《三傻大闹宝莱坞》的台词"那天我懂了,心很脆弱,你得学会哄它",适合心理咨询服务。《美丽人生》的台词"为了记住你的笑容,我拼命按下心中的快门",为相机文案的写作提供了灵感。

从某种角度来讲,拍电影的导演也是独具风格的文案大师。如大导演王家卫就是很多文案人参考的对象。网上曾有人提问:"如何用王家卫的方式写一段关于下雨的故事?"很多网友贡献了精品内容。

"下雨的时候,没有人会关心某一滴雨,就像八点一刻地铁站人群中的我,在这之前也许没有人知道雨的味道,现在我知道了,它是咸的。"

"现在是 15:56,我还坐在公交车站等着不知道哪一班车,突然有种很想哭的感觉。对面咖啡厅里靠窗的那个穿着蓝色毛衣的女人已经喝了第三杯卡布奇诺,我猜她也在等待什么。你知不知道天快要下雨,也许再过五分之一秒,我,就会爱上你。"

"时间在你身上做着梦;雨在这夜里藕断丝连;当你来时,雨是雨,你是你;一宿过后,雨既非雨,你亦非你。"

网友们将这种独特的文案风格称为"王家卫体",并归纳出了一个简洁的公式:一个绕口的时间 + 一个无聊事件。通过以上的演绎,王氏电影风是不是顿时扑面而来?也让下雨这件事变得生动起来。

有时候，影视中的台词也是我们玩味文字、进行改编的对象。一方面，我们可以从台词中提取词组或者句子，对其进行增减或置换。比如电影《阿甘正传》中的台词："生活就像巧克力，你永远不知道下一颗是什么味道。"我们截取大家耳熟能详的前一句"生活就像巧克力"，并将其放入不同的产品文案中，于是有了如下的文案。

"生活就像巧克力，每一颗都是爱的味道"——杭州市儿童福利院

"生活就像巧克力，你应该知道美元资产是什么味道"——鹏华基金鹏友会

另一方面，我们可以对原台词进行逆向解读，即从台词的反方向进行改写，配合产品，形成新的文案。比如原台词说"生活就像巧克力"，那么，从逆向去破题，得出来的观点是："生活不像巧克力，它可能是一顿装着酸甜苦辣的大盘鸡，或者是一份让你左右都不能动弹的三明治。或者生活就像白开水，生活就像紧箍咒……"这就是反台词而行，引出新的观点。

在日常生活中，我们在观看影视作品的同时，留意并记录下精彩的台词。并进一步将这些台词进行系统整理和分类归档，当需要撰写文案时，我们便可以重新审视它们，寻找可能的灵感来源或借鉴之处。这样的习惯不仅有助于提升我们的文案创作能力，还能让我们在享受影视剧情的同时，保持创作的敏感度和思考的活力。

4. 见闻池

在生活中，文案无处不在，如产品包装、书店、公交站台、地铁、电梯、各种展会、旅游景点……只要我们在大街小巷中去寻觅，总能找到一打又一打的文案。这些文案，有的风趣幽默，有的理性硬核，有的扎心感人，它们都可以成为我们积累的素材。

除此之外，日常听到的故事、碰到的人，或许日后也会成为我

们写文案的引子。所以,我们要把自己锻炼成一个目光敏锐的观察家,养成随时观察的习惯,每天抽出几分钟,睁大眼睛去观察周围的事物,看看公交车上的椅子是深黄色的还是浅黄色的,公交车上打电话的人有什么表情,甚至去想象他背后的故事和心理活动。文案并非空穴来风,唯有先把自己泡进生活里,仔细感受,方能抽取到里面最动人的片段。

通过深度挖掘三个素材池,文案创作将超越文字,成为汲取生活多方面营养的"杂食动物"。从电影到音乐,从戏剧到雕塑和建筑,任何能激发思维的元素都应被捕捉并转化为创作素材。我们要系统地记录这些素材,使素材池成为价值的宝库。像海绵一样吸收它们,吸收得越多,我们写出的文案也就越有深度和吸引力。

4.2.2　善用一个整理工具,让素材进行"新陈代谢"

在构建文案素材库的过程中,我们可能会遇到以下几个常见问题。

- 在不同场景下收集的文案碎片未经处理就放进文件夹,各种素材越积越多,导致文件夹名不副实,成了一个大杂烩。
- 有时忽然想到一个很好的创意灵感,不知道该记录在哪里?待到方便记录时,又记不起想到了什么。
- 资料常常石沉大海,写文案时要找素材参考,打开一个又一个文件夹来查询,费时又费力。

上述问题都可以通过使用"印象笔记"得到有效解决。这款应用将自己定位为"人类的第二大脑",鼓励用户将所有信息无拘无束地存储其中,从而释放大脑去专注于更富有创造性的任务。

我们可以把"印象笔记"想成一个"创意篮子",把写文案想成煲汤的过程。在前期,我们需要不断地往"创意篮子"里扔素材；到了中期，要从篮中精心挑选合适的材料，开始下锅烹饪；在后期制作中，利用这些材料慢慢熬制，持续搅拌，使汤底变得浓郁，香味四溢。最终，当这锅文案"什锦汤"完成时，它不仅味道醇厚，而且充满创意和吸引力。

"印象笔记"采用三层结构设计：首先是笔记本组，其次是笔记本，最后是笔记。笔记本组用于组织笔记本，笔记本则包含具体的笔记。在这个体系中，单条笔记是基本的管理单元。可以这样形象地理解：笔记本组就像一个大型书房，笔记本则像是书房内按不同主题分类的书架，笔记则如同书架上的一本本书。这个三层结构层次分明，逻辑清晰。

为了构建一个高效的文案创意生态系统，如图 4-5 所示，我们建议在"印象笔记"中创建三个笔记本组，分别命名为"收集篮""知识篮"和"致用篮"。每个笔记本组内可以根据不同的主题或目的设置笔记本，笔记本内则存放经过分类整理的笔记。这样的组织方式，有助于我们逐步深入地探索和应用所收集的信息。

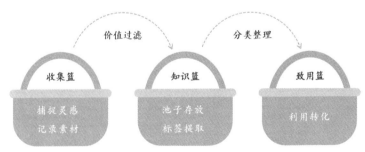

图 4-5　在"印象笔记"中建立的三个笔记本组

笔记本组一：收集篮

收集篮是我们建立文案素材库的起点，它让我们能够随时随地捕捉灵感和记录素材。以下是收集篮可以大显身手的几个场景。

- 在网页端看到好的文案,可以使用"印象笔记"的"剪藏"功能,一键把这些素材保存到收集篮。这既实现了素材积累,还可以重新整理编辑、节选复制。
- 看到有意思的画面,比如电梯广告、地铁广告、演示文稿、商品包装、电影、美图、精彩瞬间,都可以用"印象笔记"自带的拍照功能将其记录下来,保存到收集篮中。
- 听到有趣的声音,比如演讲分享、节目访谈、聊天交流等,都可以用录音功能将其录制下来,统一放入收集篮中。
- 在日常生活中,一旦脑海中闪现出新颖的想法、灵感或深刻的感悟,你也可以立即将它们记录在收集篮里。

在收集篮里塞了很多资料后,定期对其进行清理和筛选变得至关重要。我们需要执行"价值过滤"的操作,即淘汰那些质量不高或不再需要的资料,同时将那些有价值和有意义的内容转移到知识篮中进行分类和整理。这样的维护不仅能够确保收集篮整洁有序,而且对于构建一个高效的文案创作生态系统来说,也是至关重要的一步。

笔记本组二:知识篮

为了高效地管理和利用收集篮中积累的素材,我们要将它们进行细致的分类整理,并存放到相应的素材池中。这一过程遵循"池子存放,标签提取"的应用原则,旨在确保信息的有序整合,同时提高我们快速访问和提取信息的效率。

在"知识篮"中,我们将创建三个笔记本,每个笔记本代表一个特定的素材池。这与上一节讨论的"素材池"内容相呼应。

(1)**行业品牌池:**我们将创建一个笔记本,用于收集和整理特定行业的品牌信息。在这个笔记本中,它可以细分为地产、汽车、互联网、奢侈品、家电、快消、运动、旅行、金融等多个笔记，每个笔记针对一个特定行业。

（2）**文案类型池：**第二个笔记本将专注于不同类型的文案创作，包括广告语、标题、内文、词语、海报文案、短视频文案、长文案等多个笔记，每个笔记专注于一种文案类型。

（3）**生活素材池：**最后一个笔记本将用于储存日常生活的灵感和素材。它可能包括阅读笔记、歌词灵感、影视作品分析、个人见闻等，每个笔记捕捉一类生活体验。

然而，随着资料的不断积累，仅仅进行分类存储是不够的。为了确保未来能够迅速定位到所需资料，我们还需要为每条笔记添加"标签"。这些标签实际上是易于搜索的"关键词"。我们可以根据多个维度来设定，如文案写作的角度、技巧手法、适用场景、延伸领域等。

下面，我们以《十年间，世界上发生了什么？》这份素材为例进行说明。它不仅采用了创意表达，还巧妙地运用了多种文案写作技巧，非常适合作为文案创作的灵感来源。

十年间，世界上发生了什么？

65 种语言消失；

科学家发现了 12866 颗小行星；

地球上出生了 3 亿人；

热带雨林减少了 6070000 平方公里；

元首们签署了 6035 项外交备忘录；

互联网用户增长 270 倍；

5670003 只流浪狗找到了家；

乔丹 3 次复出；

96354426 对男女结婚;

25457998 对男女离婚;

人们喝掉了 7000000000000 罐碳酸饮料;

平均体重增加 15%。

我们养育了一瓶好酒。

地道好酒,天赋灵犀。

这段长城葡萄酒的经典文案,不仅凸显了品牌形象,也极具创意。为了便于管理和检索,我们可以将其归档至"行业品牌池"中与快消品相关的笔记。同时,鉴于它为一篇长文案,也应被归类到"文案类型池"中的长文案类别。为了确保将来在撰写长文案时能够快速找到这篇文案,我们可以为其添加"长文案"标签,从而实现与其他长文案素材的有效关联。

从文案技巧的角度分析,这篇文案巧妙地运用具体数字而非抽象形容词来描绘世界的变化。这种表达方式增强了内容的可信度。数字的连续变化赋予文案一种动态的节奏,使得描述的画面生动起来。基于这种分析,我们可以为这段素材贴上"数字""具体"和"画面感"等标签,以便未来在创作时能够快速检索到具有类似特点的素材。

在构建我们的文案素材库时,标签的作用不可小觑。每个标签都像一个精准的"钩子",能够跨越多条笔记,帮助我们从海量的资料中迅速钩出所需的信息。为笔记贴上标签,不仅是一个简单的分类行为,更是一种高效的索引构建过程,就如同为它们配备了 GPS 定位器,让我们在需要时能够精确无误地找到每一条信息。

笔记本组三:致用篮

建立素材库是我们学习文案的一种方式,但学习并不是一个收藏和囤积的过程，而是一个加工处理的过程，是从输入到输出的循环系统。如一位知识达人所讲，"莫把信息当作了知识，莫把收藏当作了学习，莫把阅读当作了思考，莫把储存当作了掌握"。所以，在致用篮中，我们要重点做好素材的利用与转化。

每隔一段时间，我们需要将精选的素材移入致用篮进行深入学习和整理。这一过程既是对旧知识的复习，也是对新知识的探索，目标是进行素材的内化。

首先，我们要对素材进行分析拆解，总结里面的情感洞察、修辞手法、逻辑结构、细节场景、亮点词眼等，将提炼的规律，以及学习的所感、所思、所得记录在素材下方，使这些抽象的思考可视化，便于未来回顾和应用。

其次，我们要对素材进行思考和延伸，考虑这段素材可以用于仿写什么产品，有何种变式。这一过程类似于思维的体操，时而发散寻找灵感，时而收敛进行归纳。通过这样张弛有度的训练，我们可以增强对素材的深刻认知。

最后，对于内化后的素材，我们进一步进行素材间的组合链接。正如广告大师詹姆斯·韦伯·扬所言："创意是旧元素的新组合。"通过整合和提炼，我们能够将收集的旧元素转化为有创意的新组合，孕育出新的创意。

综上，通过收集篮、知识篮和致用篮三个篮子的设置，我们可以让素材在"印象笔记"中流动起来，经历一个"新陈代谢"的过程。这个过程不仅避免了素材库的信息过载和内容杂乱，而且还能够持续激发我们出现新的灵感和创意，从而实现素材的优化和知识的更新。

4.3 一套做 "案" 流程，让好文案 "C 位出道"

相较于文学作品需要强大的灵感支撑，文思泉涌，高转化文案更需要我们拥有理性的头脑，戴着镣铐跳舞，所以它不是 "拍脑袋" 就能写出来的，而应该在目的明确的前提下，去厘清背后的营销逻辑，研究产品、受众，并根据平台特性把握内容风格。

为了提升文案质量和效果，每个文案人都应该有一份专属的做 "案" 流程，并将其作为行为准则和指导标准。本书介绍的做 "案" 流程，共分为三个步骤。

步骤一：写文案前，利用 "拷问清单" 对所需信息进行全面梳理，深入了解产品特性和受众需求。

步骤二：写文案时，借助 "构思清单" 对文案的结构、内容以及适应平台的风格进行细致思考和精准把控。

步骤三：写完文案后，通过 "自检清单" 进行细致复查和必要修剪，确保文案的每个要点都清晰明确，整体逻辑流畅。

这一流程引导我们在文案写作的每个阶段——从准备到完成，都能保持清晰的思路和高标准的要求，有效规避一些不该犯的错误。同时，它推动我们有意识地练习和应用所学的技巧，以实现文案写作各环节的顺畅衔接，最终创作出既符合营销目标又具有吸引力的高转化文案。

4.3.1 写前，用 "拷问清单" 进行信息梳理

撰写营销推广文案时，深入研究用户需求和产品特性是不可或缺的步骤。动笔写文案之前，我们做的至关重要的工作是 "拷问"，即分别从产品层面和用户层面进行深入思考和信息梳理。

一、从"产品层"梳理

产品不仅是文案写作的重要素材来源，更是灵感的起点。在撰写文案前，我们需要深入"把玩"产品，获取第一手的信息。

假如产品是一台手机，就从它基本的触感开始体验。是金属质感的？是大屏高清的？是圆角的，还是方角的？是轻质的，还是重的？默认什么方式开机？界面长什么样子？功能切换流不流畅？系统用得顺不顺手？音质效果好不好？镜头像素如何？等等。这些都是我们在把玩过程中对产品得出的直观体验和感受。

在产品层的分析中，除了从表到里地体验产品外，我们还要挖掘产品背后的内容，比如产品的发展历史、产品的生产过程、产品的设计理念、产品故事、产品定位、与同质化的竞争产品之间的差异分析、产品本身延伸出来的情感需求……

举个例子，我们要为一款能预防牙龈出血的牙膏做推广，那么，不仅要了解这款牙膏的各种信息，还要把牙齿的各种健康问题都吃透。比如，为什么牙龈容易出血？牙龈出血怎么解决？相比于市场上的同类产品，我们这款产品的优势和劣势分别是什么？以上这些都是需要在产品层的分析中掌握的。

文案是为产品代言的，除了产品素材的收集之外，还要从素材中挖掘出和消费者痛点相对应的卖点、功能点、利益点，以及产品能够满足受众什么心理，给他们带来什么实际利益，哪个属性可以帮助他解决问题。

在收集产品资料的过程中，我们可以通过产品拷问清单收集信息。清单内容如表 4-3 所示。

表 4-3　产品拷问清单

产品功能点	产品支撑点	产品利益点	用户满足点
产品有什么功能?即产品在基本特性、材质、生产工艺、效果等方面的优势	产品采用哪些领先的技术,支撑实现上面的功能点?即产品功能背后的技术参数、权威认证、科学研究等	产品的功能可以满足用户的什么需求?帮用户解决什么问题?	产品的功能可以满足用户什么欲望?达成什么目标?理解用户满足点,有助于推动用户意识到产品如何与他们的生活和目标相契合
产品细节	产品故事	产品与竞品的差异点	信用背书
真的了解这个产品吗?有全面及详尽地了解产品的各个细节吗?	产品过程故事、创始人故事、服务客户故事	有深入对比竞争对手及潜在对手吗?	大咖背书、使用者背书、匠人背书等,是否能够让用户相信?

二、从"用户层"梳理

撰写文案,总绕不开这样一群人:他们阅读文案,购买产品,有时拍案叫好,有时也会扔烂西红柿。这些人就是用户。在用户层的分析中,我们需要亲自到市场走访,近距离接触消费者,与他们沟通,观察他们的行为。

如果我们能够深入地站在消费者的角度进行思考,那么对用户画像的把握将会更加精准。首先,我们需要了解用户的基本属性,包括年龄、性别、职业等。然而,这仅仅是基础。为了更深入地理解用户,我们还需进一步探究他们的生活场景、行为模式、痛点需求、痒点欲望,以及个人故事。

接下来,我们要将产品与用户结合起来进行思考:产品能为他们解决什么问题?他们看到文案时,立场是怎样的?用户为什么要选择我们的产品，而不是别家的产品？为了解答这些问题，进行市场调研是必不可少的步骤。它能帮助我们更准确地把握用户需求，从而撰写出更具吸引力和说服力的文案。

以乳胶枕为例，当我们置身消费者的购买现场，不难发现他们普遍关心的问题包括："这个枕头使用的乳胶是天然材料吗？""我该如何正确清洗它？""它的使用寿命是多久？"这些问题的频繁出现，揭示了一个重要的现象：消费者的关注点并非我们坐在办公室里凭空想象出来的，而是真实存在于他们购买决策过程中的实际考量。因此，了解并回应这些关切，对于写出有吸引力的产品文案至关重要。

分析用户的过程中，我们可以用表4-4中的"用户拷问清单"收集信息。清单内容如下。

表4-4　用户拷问清单

基本属性	用户需求	购买意图	用户顾虑
用户的个人标签，包括年龄、性别、职业等	用户的痛点、痒点分别是什么？	用户为什么必须使用这个产品？提供购买理由	如果让用户选择购买，他会存在哪些顾虑？
生活场景	行为模式	心理账户	个人故事
用户一天中都有哪些生活场景会用到产品？	用户的行为模式是怎样的？可提炼出行为标签	用户有哪些心理账户？	用户身上发生过哪些故事？

通过系统地梳理产品层和用户层的信息，我们认识到文案写作并非依赖灵感的随机闪现，而是需要运用理性的逻辑进行深入分析。这样的分析能够帮助我们洞察产品特性和用户需求，从而为文案写作提供清晰的方向和丰富的素材。当遇到写作障碍时，我们不应只是四处寻找灵感，如去厕所、阳台或咖啡店，而应重新深入地体验产品，再次与消费者进行交流和探讨。

4.3.2 写时,用"构思清单"进行脑暴思考

文案大神休格曼写文案有一个窍门,就是思考并创建一个文案逻辑路线图,确保文案内容严格遵循这一逻辑框架。他会提前把文案分成很多小的板块,然后以一种条理清晰的方式将它们串联起来,形成一个连贯的叙述脉络,达成营销目标。

例如,他为一款电子产品设计的营销文案流程如下:

兴趣激发→独特性→为什么不同→怎样操作→惊艳的特性→使购买合理化→永久有效→售后免费→现在马上下单。

通过这样的逻辑规划,休格曼能够明确知道需要收集哪些资料,该在什么时机提出关键问题,要准备好哪些内容,哪些内容是不需要的……所有问题会顺着逻辑迎刃而解。

我们可以将以上的文案逻辑路线图进一步细化和具体化,形成文案构思清单,通过一系列的问题,帮助我们在文案构思阶段进行一场思维的脑暴,如表 4-5 所示。

表 4-5　文案构思清单

想让用户知道什么?(明确传达核心信息)	想让用户感受到什么?(预判在用户心中引发的情感反应)	结合目标受众,选择哪种文案风格?(根据目标用户群体偏好定制文案风格)	文案要在什么平台上发布?(了解不同平台的用户行为和偏好)
文案采用什么结构来撰写?(确定文案的结构布局,如问题—解决方案、故事叙述等)	文案如何引起用户的注意力?(使用标题、开头的技巧来吸引用户注意)	文案如何激发用户的购买欲望?(利用情感诉求、产品优势等策略激发购买欲望)	文案如何带来分享动机?(提供谈资、帮助别人、展示形象、帮助表达、促进社交比较)

文案构思清单是我们的指南针,引领我们系统地思考和规划文案的各个方面,确保文案能够达到预期效果。在写作过程中,我们还需要预判读者预期,不断地转换用户视角,预估读者看到每一个

部分时的心理变化、行为及可能导致的结果，然后针对性地做优化。

我们的目标是让读者在阅读的每一步都感到顺畅无阻。这意味着，我们要提前识别他们可能的疑问，并在文案中适时地提供答案，消除他们的阅读障碍。例如：

- 思考读者看到标题时的第一反应，是否足以引发他们的好奇心，促使他们做进一步了解。
- 在撰写每个段落时，预估读者可能产生的疑问，并在下文中做出解答。
- 如果预计某段内容可能难以理解，我们需要将其简化，确保信息传达的清晰性。
- 在尝试通过感性内容打动读者时，我们要预判这种尝试是否真的能够触动他们的心灵。
- 如果认为读者在阅读后可能会有顾虑，我们需要提前打消这些顾虑。
- 面对可能产生的不信任感，我们要采取措施建立信任。
- 预计读者在购买决策上是否犹豫不决，我们要提供足够的推动力，帮助他们做出选择。

总而言之，写文案的过程中，我们对读者预期的判断不能少，需要不断地站在读者角度去审视自己的文案，然后填完一个又一个可能出现的坑。

4.3.3 写后，用"自检清单"进行复查修剪

撰写文案并非一蹴而就的过程，初稿完成后，紧接着的任务是对文案进行细致复查和精心打磨。在这一阶段，我们需要删除那些不符合要求的部分，补充那些遗漏的内容，通过不断优化，最终打造出流畅的爆款文案。

写文案和写作文一样,创作和修改都是有章法可循的。仅凭个人喜好随意改动是不够的,我们需要依据一套系统化的修改原则来提升文案的质量,从而减少读者阅读时的障碍。以下是几个文案修改的关键原则。

修改原则一:逻辑流畅不混乱

逻辑混乱是文案的一大雷区,它会让文案的说服力大打折扣,也会让读者云里雾里。在自检过程中,我们要仔细斟酌文案的脉络是什么?每个结构之间是如何层层递推过渡的?段落之间是否环环相扣?通过反复地进行逻辑梳理,整篇文案才能像齿轮一样紧密咬合在一起。

修改原则二:保持简单、易懂

文案是一种与消费者沟通的语言,是一种传递信息的介质。为了帮助消费者更好、更快地理解产品的优势和特点,它的文字力求简单,最好让消费者"秒懂"。

但事实上,我们经常看到很多让人难懂的文案。要么大篇幅说一些生涩的理论,比如"这个产品的工作原理是……",其中充斥大量专业术语和复杂概念,给人带来的是阅读的"压迫感",大多数读者就会放弃继续阅读文案。

要么对事物进行抽象、模糊的形容和描述,比如"戴上这条项链让你的气质高贵",这种表述就非常含糊,让人感受不到何为"气质高贵",想象不出到底是什么样子,很难轻松理解到背后的核心信息。

"简单、易懂"是对文案的基本要求。我们与其绞尽脑汁地遣词造句,不如用简单、直白、具体的词或句将信息清晰地传递出来。

我们在自检时应检查是否存在专业术语或复杂概念,能删掉尽量删掉。同时,也要删除笼统、抽象的形容词,将其用更具象的词语重新表达一遍,或描写场景,或描写细节,最好能让读者形成清晰的画面感,而不是绕进迷宫里,走不出来。

修改原则三：拒绝啰唆、冗余

如果想要让文案被人记住并传播，那就必须顺应人类天生的懒惰倾向，给他们呈现出简短、精练的文字。

在自检时，我们最好在手中握一把"剪刀"，对冗杂无用的文字进行裁剪。在不改变句子逻辑及连贯性的基础上，我们要剔除一切不必要的词，像"的""了""是""这个、那个""呀、呢""因为、所以、但是""很、非常""如何、怎么样"等。

在三大修改原则的指导下，我们可以对照表 4-6 的自检清单进行详细检查。

表 4-6　文案自检清单

检查角度	检查内容	细分说明	是否做到
逻辑流畅、不混乱	结构	● 整篇文案的脉络是什么？ ● 文案框架、逻辑是否清晰，层层递进？ ● 文案是否能够引导读者自然而然地阅读？	
	段落	● 每个段落之间的衔接是否紧密？ ● 每个段落的目的有想清楚吗？ ● 每个段落的存在对整个文案的推进是否有帮助？	
	句子	● 文案中是否存在语句不通的情况？ ● 读者在阅读每一句文案之后，内心会产生什么疑问？ ● 后面的文案是否有对此疑问的解答？	
保持简单、易懂	信息传达	● 文案要传达的关键价值点、情绪、观点等是否清晰地传递出来？ ● 内容中的信息点是否太多，是一定要一次性都抛出来，还是可以降低信息密度？	
	词句使用	● 文案中是否有生涩难懂的理论或者专业复杂的术语？ ● 假设用户对产品一无所知，他能看懂文案吗？ ● 文案中是否有表述模糊的形容词？	

续表

检查角度	检查内容	细 分 说 明	是否做到
拒绝啰唆、冗余	整体文案	● 文案中有冗余的表述吗？ ● 文案中有不重要的词语吗？	

除了以上的自检维度外，我们自检的内容还可以包括用户视角的检视，比如标题、正文是否能吸引读者的注意力？文案内容是否与用户感兴趣的事物进行关联？……还可以深入细节，检查标点符号、排版、字体、配图等。基于此，自检清单中还可以列出如下内容，详见表 4-7。

表 4-7　文案自检清单（续）

检查角度	检查内容	细 分 说 明	是否做到
用户视角	整体文案	● 文案信息与目标用户的关注圈（长期兴趣、切身利益、热门话题，以及正继续的、正在做的事情）有强关联吗？ ● 文案面向用户的卖点是否清晰？ ● 文案有打消用户的顾虑吗？ ● 文案是否抓住了用户主要的需求？ ● 如果用户会选择某一段、某一句作为转发文案，会是哪一句？ ● 用户看完文案印象最深的几个关键点会是哪些？为什么？ ● 文案中是否有制造"惊叹时刻"？ ● 用户会产生"原来是这样啊""长见识了""太有意思了"的感觉吗？	
细节检查		● 标点符号和语法是否正确？ ● 专有名词、数字等是否写错或打漏？ ● 文字和图片排版是否合理、易读、清晰 ● 行距是否合适？ ● 字号是否合适？版权字体、配图、引用是否可商用和授权？	

每个人的自检清单都应该是独特的，因为它根据个人的成长阶段和经验而量身定制。虽然我们可以借鉴他人的清单，但最关键的

是要根据自己的具体情况进行调整和完善。这意味着我们的自检清单应该是动态的，需要不断增减和更新，以适应不同文案的需求。

回顾本节内容，从最初的拷问清单用来深入了解产品和用户，到构思清单帮助我们构建文案的框架和内容，再到最终的自检清单确保文案精准有力，这一系列的流程和工具不仅形成文案创作的宝贵资源，也应成为我们文案工具箱中不可或缺的一部分。

每一次自检清单的使用，都是一次深刻的文案检视，会给我们带来新的启发与思考。它帮助我们在不断的自我更新中练就上乘的笔法与直觉，从而在文案写作的道路上走得更加稳健。

第 5 章

直击转化，拿来即用的
"文案实战术"

5.1 组装七要素，让营销海报既有力又有料

海报作为产品的名片，不仅承载着传递信息的功能，更是营销推广中的关键工具。一张设计精良的海报能够极大地提升产品的吸引力，激发消费者的购买欲望。反之，如果海报设计不当，可能会被湮没在信息的洪流中，没人会注意到。

海报的文案扮演着至关重要的角色，承载了吸引人们注意力和刺激消费动机两项任务。可是一张小到手机屏大小的图片，要承担如此大的工作量，是不容易的。这就要求我们对海报上的内容要素进行合理布局，优化其呈现的结构，然后通过富有煽动性的语言鼓励受众购买。

在本节中，我们将深入探讨如何撰写具有营销力的海报文案。这个过程主要分为两个关键步骤。

首先，细化用户群体与产品卖点，用特定的卖点来打动特定的人群，让海报具备销售力。

其次，将营销海报的文案细分成七个内容要素，并细细打磨每一个要素，按照一定的顺序排列组合，形成一个完整的、有说服力的文案布局。

有了上述两个步骤的精心策划与执行，我们的海报文案将不仅是信息的简单罗列，而更会成为一种能够与目标受众产生共鸣并激发其购买欲望的营销利器，让"看似平凡"的产品也展现出"闪闪动人"的一面。

5.1.1 从细化开始，锤炼海报销售力

创作营销海报的目的是让消费者主动产生购买行为。因篇幅有限，它只能承载简洁的信息。要想在瞬间吸引别人的注意，我们就要通过细化来锤炼海报的销售力，具体包括用户群体的细化和产品卖点的细化。

一、用户群体的细化

撰写文案之初，我们常常将目光聚焦在一个庞大的用户群体上，比如职场女性、全职宝妈、退休老人、学生党。然而，这样的群体标签过大且笼统，海报文案中的几句话宛如一个点，无法覆盖庞大的用户面。因此，在文案写作中，我们必须以更为精准的方式描述用户画像，以便撰写出更具针对性的细分文案。

即便同一款产品，随着我们对消费群体不断地进行细致刻画，相应的文案也会变得更加具体和契合用户需求。例如，在未细分用户群体时，为一款热门口红撰写的文案可能含糊其辞，使用如"一生美丽"或"见证你的时光之美"等不痛不痒的笼统词语。

如果对女性群体进行 1.0 版的细分，视角缩小到 25 岁以上的职场女性，我们的文案就会变得更加具体。这一群体正处于鲜花绽放的年龄，具备一定的经济实力和独特的审美水平。她们已经从学生时代的装扮风格中蜕变，渴望展现出与众不同的个性美水平。因此，文案可以是"漂亮不是我想要的形容词"，或"可盐可甜，微微一笑可倾城"，以更准确地反映她们的内心世界。

接下来，进一步对女性群体进行 2.0 版的细分，视角缩小到 27 ~ 30 岁结婚后的职场女性。这个阶段的女性已经迈入人生的新阶段，装扮风格渐渐趋于"轻熟"，同时也可能面临着与年龄相关

的压力。她们内心渴望让"花期"变得持久一些，且美得有韵味。这时，文案可以是"唇间的风景，随身携带"，或"用漂亮的唇说漂亮的话"，以更好地与她们的情感和需求产生共鸣。

因此，写文案不是对一群人广播，而是和一个人对话。通过精准地细分受众，我们可以深入挖掘目标用户群体的各个关键维度，包括年龄、收入水平、购买动机、购物场景和消费心理等。这样的深入了解，使我们能够精确描绘用户画像，并洞察到消费者的个性化需求。将受众细分得越精细，文案的针对性和影响力就越强。

二、产品卖点的细化

一个产品可能有很多卖点，但将所有这些卖点都堆砌在小小的海报上，几乎等同于没有传达任何信息，反而造成信息过载。因此，着手写海报文案之前，我们必须对产品的卖点进行精致提炼。

产品卖点细化的关键在于，识别出那些最能代表产品特色、最能满足客户需求、最能提供实际价值的内容，并将其作为文案的核心，来打动消费者。以电动牙刷为例，尽管它最初以省时省力和续航能力强等特性吸引了一部分消费者，但并未引起广泛关注。直到有企业把卖点转为"电动牙刷可以刷到手动牙刷无法刷到的牙齿深窝，清除食物残渣，预防龋齿"之后，电动牙刷才风靡全球。

同样，在智能手机市场，一款新推出的智能手机可能拥有高清摄像头、快速充电、大容量存储等多个卖点。然而，如果我们将所有这些卖点都堆砌在海报上，消费者可能会感到不知所措。通过对产品卖点的细化提炼，我们发现该手机的"夜拍模式"在低光环境下的表现远超竞品。因此，海报文案可以聚焦"夜拍模式"，用一句"一台可以拍星星的手机"的文案口号，来突出这一独特卖点。

再如，一款新型健康饮料可能包含多种营养成分和天然提取物。在初步筛选后，我们决定将"源自天然"作为主要卖点。然而，这个卖点仍然过于泛泛。进一步分析后，我们发现消费者对"无添加糖分"的健康饮品有强烈的需求。因此，海报文案可以强调"无添加糖分，自然甜"，并用一个引人注目的视觉元素来强化这一信息。

这些例子告诉我们，在细化产品卖点时，我们要深入挖掘产品亮点，去除掉卖点中的冗余与平凡，最终锁定在它最为引人注目的特色上，这样才能使产品在消费者心中留下深刻且鲜明的印象。

5.1.2 七个内容要素打造高转化营销海报

对用户群体与产品卖点细化之后，我们便进入海报撰写的阶段。如图 5-1 所示，营销海报的内容要素可被细分为七个部分：主标题、副标题、产品 / 人物图片、信用背书、产品构成 / 亮点罗列、促销信息 / 福利、购买引导。

图 5-1 营销海报的七个内容要素

要素一：主标题

主标题在整个海报中扮演着至关重要的角色，其吸引眼球的能力直接影响着海报的营销效果。主标题的撰写，常见两种写法。

1. 一句话表明"我是谁"

一句话就让用户清晰了解"我是谁",简单明了,无须动脑,如"大咖直播""新品优惠""免费技能课程""干货资料包""新品优惠码"等。这类主标题文案不仅省时省力,而且直戳主题,又能迅速引发目标受众的兴趣。

2. 一句话表明"我能做什么"

主标题的吸引力至关重要,它需要直击用户的核心需求或痛点,清晰地展示产品的价值,让用户非常直观地看到:产品能做什么。在此基础上,海报可分为两种类型。

（1）问题诊断型海报

所有文案中,痛点是最常被提及的一个关键词。痛点,来自用户生理、心理上的匮乏感。为了弥补这种匮乏与不足,他们会寻求满足特定需求的解决方案。

我们可以利用痛点来写问题诊断型海报,并采用"**具体问题+解决方案**"的文案公式。

在具体问题方面,我们可以从"第一人称"的角度抛出一个疑问,就是"我"对"你"说的话,能让"你"去思考这句话并且发现问题。比如:"单词总是记不住?""职场工作总是焦虑?"……这类问句能够引发用户的自我反思,促使他们意识到存在的问题。

在提供解决方案时,我们要突出产品的核心卖点,明确展示产品如何成为解决用户问题的最佳选择。

例如,文案可以这样写:"是否时常感觉身体疲惫,精力不足? ××蛋白粉提高身体能量,驱散疲劳感。"或"学英语为什么这么难? ××课,0基础30天突破英语中级水平!"

（2）利益导向型海报

利益导向型海报专注于展示用户购买产品后能够获得的具体好

处，包括那些可能超出他们预期的额外价值。这种类型的海报通过触发用户的获得感，迅速吸引他们的注意力并激发兴趣。

利益导向型海报的背后隐藏着一个可套用的文案公式：**低投入 + 高回报**。

在低投入方面，我们通过使用具体的数字来凸显用户需要付出的最小努力。比如："4 天搞定英语语法，轻松提高 50 分。"

根据人们追求便捷的心理，我们还可以在海报中强调产品省时省力和速成等特性。在知识付费产品领域，这种策略尤为有效。常见的文案承诺，如"7 天掌握核心技能""15 天成就摄影达人""30 天说一口流利英语"等，无一不在提醒用户能在最短的时间收获更多的内容。

在高回报方面，要精心选择并突出那些能够立即吸引用户注意力的关键词，让他们一眼看到就产生想要深入了解的冲动。比如"3 招教你写出扫码率 100% 的招生海报文案""如何从 0 写出卖货千万爆文，每月多赚 5 万 +"等标题中的"扫码率 100%""卖货千万"等词语，不仅吸引用户的眼球，更传递出明显的价值和收益。

要素二：副标题

副标题起着补充和深化主标题的作用，它应从用户视角出发，重点强调产品卖点的独特之处，如简单、经济、高效等，以此吸引用户的注意力并增强他们的兴趣。

当我们希望强调产品的"简单"特性时，副标题可以设计成："零基础也能轻松掌握的 ×× 课程""×× 技能，手到擒来"或者"×× 技巧，躺着也能学会"。这些表述都能够迅速传达出学习过程易操作和无门槛的特点。

在突出"经济"卖点时，副标题可以是："少于一顿火锅的价格，掌握 ×× 技能""只需一杯咖啡的投资，即可学会 ×× 方法"。这样的文案能够直观地展示产品的高性价比，让用户感受到物超所值。

若要强调"高效"，副标题可以写成："一秒钟见效的 ×× 方法""短短一周即可掌握的 ×× 技能"。这些文案强调了产品的快速、高效，能吸引那些追求效率的用户。

副标题的最终目的是在主标题的基础上，为潜在客户提供一个明确的购买理由，促使他们对产品产生更深的兴趣，并推动他们进一步了解产品详情。

要素三：产品 / 人物图片

根据人们从左至右的阅读习惯，我们建议将承载关键信息的文字内容安排在海报左侧。相应地，产品或人物的图片则可以布置在海报的右侧。不过，具体的布局应根据图片尺寸和整体设计风格灵活调整，以确保海报的视觉效果和信息传递达到最佳平衡。

要素四：信用背书

一切成交的本质在于信任，信用背书则是提升产品信任度的强效助推器。它具体包括行业认证、权威机构的支持、关键意见领袖（KOL）的推荐、真实用户的好评，以及显著的销售数据等。这些信任元素的展示，能够有效增强消费者对产品的信任感。

"转化率特种兵"陈勇老师在《超级转化率：如何让客户快速下单》[1] 一书中，深入探讨了多种增强客户信任的策略。这些策略被统称为"信任状"。以下是书中提及的几种常见的信任构建方法。

（1）行业专家或专业机构的背书：在产品或服务的研发过程中有行业专家或专业机构的参与，可以显著增加消费者的信任度。例如，聂卫平围棋道场，由棋圣聂卫平创办，这一称号由国家体委颁

---

① 陈勇 . 超级转化率：如何让客户快速下单 [M]. 北京：中信出版社，2019.

发，因此家长对道场的信任感自然增强。

（2）专注 ×× 领域 ×× 年：从事一个行业的时间越长，越让消费者觉得产品或服务的质量没有问题。如果产品或服务有问题的话，企业没多久就会倒闭，不会存在那么长时间。而且，因为在一个领域做的时间长，所以积累也比较深厚。比如，创维电视在电商营销页面上强调"创维专注电视领域 31 年"，这样的信息传递了品牌的专业性和可靠性。

（3）资质：资质是指专业领域达到行业监管机构的认证标准。比如，室内甲醛检测公司就需要具备 CMA（检测检验机构资质设定标志）资质才算是正规的。

（4）畅销和好评：畅销是指某件商品在单位时间内的销售数量多，或某件商品在某个渠道（如淘宝店）或者全网（包含线上和线下所有渠道）积累的销量很高。好评是指用户基于对某产品和服务的认可而做出的正面评价，包括"×××× 人或 ×× 客户的选择""销售 ××× 万""× 个月 ×× 人口碑见证"等内容。

除此之外，很多海报文案会公布好友购买数据，利用受众对于好友的信任，进行信任转嫁。常见的文案有"107 位好友已经加入""98 位好友邀请你领取""243 位好友已购买"，以此来激发消费者的从众心理，增强他们的购买意愿。

要素五：产品构成／亮点罗列

当产品比较复杂时，我们可将其拆解成一系列的要素，以向顾客清晰展示产品的核心价值或内涵。

如果是知识付费产品，我们可呈现课程大纲，确保受众清晰地了解所购买的知识内容；也可以对课程内容进行提炼和加工，将其包装成对目标用户有吸引力的亮点。

如果是实物产品，则写出产品的构成部分，确保每个部分都为用户提供实质性价值。比如，餐厅推出的"团购餐"，列出其包含的每一个菜品的名称及图片，让食客明确地知道自己能吃到什么。

要素六：促销信息 / 福利

这一部分展示促销及福利信息，要突出其稀缺性、紧迫性，目的是推动用户产生行动，提高转化率。常采用如下几种促销方法。

1. 限制时间

时间上的紧迫感，能充分激发用户害怕失去的心理。最常见的是"过期失效"。比如，各类优惠券设置有效期，还有其他使用规则，不在期限内使用就会失去这个"已经得到"的优惠。常见的文案："免费活动截至 10 月 9 日""今日 20 点之前限时免费""最后 3 小时免费入群""× 月 × 日恢复原价""× 月 × 日前购买送× ×"……限制的时间越短，用户的紧迫感越强。

2. 限制数量

限制数量可以制造稀缺感，常见的促销文案如"前 500 名免费入群""前 1000 名送 × ×""特价仅限前 1000 名用户""限时特价19.9 元，仅限前 1000 名用户"。通过"先到先得"或"名额有限"的营销手段，我们可以创造一种不确定性。这种不确定性不仅能够激发用户的好奇心，还会加强他们对可能错失良机的担忧，从而促使他们更快地作出决定。

3. 价格变动

通过巧妙地调整价格，我们可以激发用户对优惠的追求，营造紧迫感。以某社群峰会的门票销售为例，主办方采用了一种结合数量和价格变动的策略。最初，标准门票定价为 399 元，当门票剩余数量降至 100 张时，价格会上涨至 499 元。

为了增强这种紧迫感，主办方发出提示："距离门票价格上涨至 499 元，只剩下 9 个名额！"

这种策略的细节设计，能够强烈调动用户想要抓住优惠的心理，并促使他们迅速作出购买决定。因为一旦名额用尽，用户就可能失去以较低价格购买门票的机会。

要素七：购买引导

营销海报不仅要让消费者心动，还要让消费者知道如何行动。我们必须在海报中清晰地说出想要消费者干什么，而不是让他们自己去想应该做什么。尤其在这个碎片化阅读时代，真的是"滑指之间，错过可能就是永远"。

在海报的最后一部分，我们要明确地向用户发出购买引导，召唤他们行动。比如："立即扫码，先到先得""扫码即送×××资料""立即下载""马上搜索""立即购买""扫码免费领取优惠券"……旁边可以增加购买的二维码，方便用户快速行动。

综上，在设计一张高效营销的海报时，我们需要综合运用七个关键要素，以确保海报既能吸引目标受众的注意力，又能激发他们采取行动。以下是这些要素的组合及其作用。

- **吸引注意：**主标题和副标题是海报的"钩子"，它们必须足够吸引人，以便在信息泛滥的环境中抓住读者的目光。
- **刺激欲望：**通过展示产品或人物图片，以及罗列产品构成和亮点，我们能够激发读者的兴趣，引起他们的购买欲望。
- **建立信任：**信用背书是建立信任的关键，它能够消除读者的疑虑，增强他们对产品或服务的信心。
- **营造紧迫感：**促销信息和福利可以增加海报的吸引力，清晰的行动引导则是推动读者采取行动的最后一步。

如图 5-2 所示，这些要素经过精心组合和排列，它们不仅各自发挥作用，而且协同增效，成为一个既有力又有料的营销工具。

图 5-2　营销海报示例

5.2　"一秒入魂"的文案金句，一句顶一万句

所谓"流水的文案 5 毛钱一斤，入魂的文案一字千金"，金句是营销中的"子弹头"，它好听、好记，易于传播。多数金句有共同的特质，包括简练明了、富有节奏和韵律感、雅俗共赏、兼具趣味性和深刻内涵、有强烈的感染力等。它能一秒戳中大家的心理，引起共鸣感的同时还营销了产品。

金句发光属性的背后，是面子与里子的相得益彰。面子，即金句的句式；里子，即金句的内容。"面子"诚可贵，"里子"价更高，当面子与里子都具备了，金句也就能"一秒入魂"了。

本节将会带领大家进入金句写作的旅程，探讨如何借助句式写出金句的"面子"，以及如何把金句的内容写成"里子"，使其一句顶一万句。

5.2.1 三款亲测好用的句式，写出金句的"面子"

写金句就像做面包，句式就是一个模子。好的模子可以让面包看起来造型别致，一看就有想吃的冲动。有些句式自带金句属性，能帮助我们在 30 秒之内就产出一个金句，屡试不爽。下面主要介绍三款亲测好用的句式。

句式一：对比体

对比体是一种十分常见的句式，即找到两个互相对比的词，使其产生强烈的冲突和反差，以此突出想表达的核心观点。为了更好地运用对比体，我们可以采用"TIPS"法则。这是一种简单、易记的技巧，能够帮助我们在不同的维度上形成对比。

1. 时间对比（time）

时间是一个我们既熟悉又敏感的概念。通过在时间维度上形成对比，我们可以迅速调动读者的情绪，引发他们的认同感。这种对比可以体现在以下三个时间维度上。

（1）过去与现在的对比

这种对比能够唤起人们对变化的认识。例如，唯品会的广告语是"去年的衣服配不上今年的我"，它利用"去年"与"今年"的时间对比，既反映了个人的成长和变化，又巧妙地激发了消费者的购物欲。这种对比不仅让信息更加生动，还具有强烈的营销效果。

（2）现在与未来的对比

通过展示当前状态与未来可能的结果，我们可以激发人们的紧迫感，促使其产生行动力。《长歌行》中的名句"少壮不努力，老大徒伤悲"，就是一个典型的例子。这句话通过对比现在的努力与未来的遗憾，给人以深刻的警醒，强调了把握现在、努力工作的重要性。

（3）过去与未来的对比

当过去的经历与未来的梦想相联系时，它可以激发人们对于时间价值的深刻认识。例如，"你过往留下来的所有汗水，都会在未来汇聚成梦想之河，带你顺流而下"，这句话通过将个人过去的努力与未来的梦想联系起来，不仅展现了时间的力量，也鼓励人们为了梦想而不懈努力。

2. 反义对比（inverse）

什么是反义对比？就是前后两句话，前一句选出一个核心词，后一句就用与这个核心词对立的词造句，两个词语形成反差，营造一种强烈的对比效果，从而增强语言的表现力和说服力。

（1）绝对反义词对比

绝对反义词是指意思完全相反、相互排斥的词语。这种对比直接而强烈，能够迅速吸引消费者的注意力。例如，李宁的广告语是"拿着旧地图，找不到新大陆"，它通过"新"与"旧"的对比，强调了创新和探索的重要性；蚂蚁金服的"十年的账单算得清，美好的改变算不清"，则通过"算得清"与"算不清"的对比，传达了要重视生活中不可量化的价值。

（2）相对反义词对比

相对反义词虽然不像绝对反义词那样直接对立，但它们之间的对比同样鲜明，能够激发人们的想象力。上海万科·兰乔圣菲的广告语就是一个很好的例子。

"踩惯了红地毯，会梦见石板路"：将"红地毯"与"石板路"

相对比，突出从繁华到宁静的转变，体现了对自然和宁静生活的向往。

"一生领导潮流，难得随波逐流"：通过"领导潮流"与"随波逐流"的对比，它表达了对个性和独立思考的推崇。

3. 人群对比（person）

人群对比的精髓在于辨识并凸显不同群体的独特特征。通过对照这些特征，我们能够更加鲜明地传达核心的信息。这种对比可能涉及年龄、职业、文化等任何有助于区分人群的要素。

例如，年龄是区分人群的一个常见维度。比较不同年龄段的特点，可以产生强烈的心理冲击。在电影《后会无期》中，台词"小孩才分对错，大人只看利弊"就是一个典型的年龄对比。这句话通过对比小孩的纯真和大人的现实主义，不仅为电影增加了深度，也引发了观众对于成长和价值观转变的思考。

利用人群对比技巧，我们可以通过一个人物来衬托另一个人物。这不仅能够迅速强化我们的观点，也能引发读者的深思。

4. 选择对比（select）

选择句式的魅力在于它为读者限定了选择范围，迫使他们必须做出决定。这种技巧通过展示两个设定条件，引导读者从中挑选出最合理的一个。例如，在经典电影《肖申克的救赎》中，有这样一句引人深思的话："生命可以归结为一种简单的选择：要么忙于生存，要么赶着去死。"这句话通过对比生存的奋斗与放弃的绝望，引发了观众对于生命意义的深刻思考。

同样，广告文案中，我们也常用选择句式来吸引消费者。比如，甲壳虫汽车的文案简洁而富有深意："要炫富买劳斯莱斯，要致富买甲壳虫。"这句话通过对比两种生活方式，巧妙地突出了甲壳虫汽车的性价比和实用性。

句式二：反复体

反复是一种强有力的手法，它通过重复使用特定的词语或句子，来突出和强调某种意思或情感。这种技巧能够加深读者的印象，并在他们的心中留下难以磨灭的认知痕迹。在商业文案中，反复体的应用尤为有效，其作用主要体现在以下两个方面。

第一，强化记忆。根据记忆的遗忘理论，人们对于信息的记忆会随着时间的流逝而逐渐模糊，最终可能完全消失。因此，适当的重复是增强记忆效果、延长记忆持续时间的关键策略。通过在文案中重复关键信息，我们可以确保这些信息在消费者的心中留下更深刻、更持久的印象。

第二，易于接受。认知心理学告诉我们，人们对新事物的接受程度与他们接触该事物的频率和时机密切相关。通常，接触的次数越多，人们对该事物的接受程度就越高。因此，在文案中运用反复手法，我们可以有效地提高消费者对产品或品牌的接受度和认可度。

那么，如何用反复手法去创作一个金句文案呢？这里介绍"回形针"法则，包括回环、词性、顶针。

1. 回环

在表现形式上，回环最大的特点是：前、后两句话，所用的词语完全相同，通过颠倒词语的顺序，创造出一种循环往复的效果。比如，科幻小说家刘慈欣在《三体》里写的："给岁月以文明，而不是给文明以岁月。"这句话采用回环的手法，强调了文明与时间的真正价值。

同样，高德地图的广告语"你不去看世界，世界也懒得看你"，以及中兴百货的"服装就是一种高明的政治，政治就是一种高明的

第 5 章 ▶ 直击转化，拿来即用的"文案实战术"

服装"，都运用了回环的手法，使得广告语更加醒目和易于记忆。

回环能让我们快速地将普通的句子武装成金句，创造出真理感。一个句子在没有使用回环的手法之前，是这样的："没有单纯的善，也没有单纯的恶，很多时候，两者之间是相互转换和共存的。"

这句话乍看起来很有道理，但是句子太长，大家记不住怎么办？这时不妨引用哲学家尼采的回环金句："当你凝视深渊，深渊也在凝视你。"通过使用回环的手法，我们将复杂的思想浓缩成简洁而有力的表达，真理感瞬间提升。

2. 词性

词性重复是一种通过在语句中使用相同词性的词语来加强表达的手法。这种方法不仅能够增强语言的节奏感，还能够突出主题，让信息更加深入人心。

相同名词的重复：在不同的句子中重复使用同一名词，可以加深读者对该名词所指概念的印象。例如，"为了实现梦想，有时候，你得先放弃梦想"。通过重复"梦想"一词，它传达了一种关于梦想与现实抉择的深刻见解。

相同动词的重复：重复动词能够强调动作的连续性或重要性。例如，红星二锅头的广告语是"用子弹放倒敌人，用二锅头放倒兄弟"，通过重复"放倒"这一动词，形成了强烈的视觉和情感冲击，同时传达了产品的特性和使用场景。

相同形容词的重复：重复形容词可以强化某种状态或情感的描述。如方太蒸箱的文案为："改不了加班的命，就善待加班的胃。"在这里，"加班的"这一形容词的重复，突出了现代生活中人们工作繁忙的普遍现象，同时也传递出品牌对消费者健康的关怀。

3. 顶针

前一句的句末是后一句的句首，首尾蝉联就是顶针。有很多传统成语、俗语是顶针结构，比如"知无不言，言无不尽""一传十，十传百""一而再，再而三"。顶针的设计让句子结构整齐，语气贯通，读起来朗朗上口。

顶针手法在广告文案中被广泛运用，它通过重复使用特定的词语，创造出一种流畅且富有节奏感的效果。例如，脑白金的广告就是经典的顶针句："今年过节不收礼，收礼只收脑白金。"这里，"收礼"一词的重复使用，不仅增强了语句的连贯性，也使得广告信息更加深入人心。

同样，NEW BALANCE 的广告文案也运用了这一技巧："不是因为天亮才跑下去，跑下去天自己会亮。"通过重复"跑下去"，文案展现了一种积极向上的精神状态。

顶针句型通常采用"AB—BC"的结构。这种结构通过递进关系，使得句子更加连贯，易于理解，读起来也更加悦耳动听。

句式三：类比体

类比是基于两种不同事物或道理之间的类似关系，借助喻体的特征，刻画突出本体，从而联结两个不同的事物。简单地理解就是：×× 就像 ×× 一样，用大家熟悉的事物解释不熟悉的事物。若要有效地运用类比，我们可以遵循"类比三部曲"。

第一部曲：确定本体。

在这个步骤中，我们需要明确想要传达的核心观点或信息。这个观点，即"本体"，是我们想要强调的中心思想。例如，如果我们想要表达"创新需要打破常规，不断突破传统思维的束缚"，那么，这个关于创新过程的观点就是我们的"本体"。

第二部曲：寻找喻体。

接下来，我们要寻找与本体观点相似的自然现象、日常事物或其他易于理解的概念，即"喻体"。选择的喻体应该能够与本体形成强烈的视觉或情感共鸣。例如，我们可以将创新过程比作"奔腾的瀑布"，瀑布之水不断冲击岩石，展现出无限的生命力。这与创新中突破思维障碍、激发新想法的过程有着直接的联系。

第三部曲：以喻体类比本体。

最后，将本体和喻体融合在一个句子中，按照从小到大、从内到外，或者从表象到实质的方式表达出来，得出一个深刻的观点：创新如瀑布奔腾，唯有冲破思维的顽石，才能激起创意的水花。

在广告文案中，类比同样是一种常用的修辞手法。它以独特的感性力量，创造出语言的冲击效果，打动人心。例如：

奇美液晶电视机的广告："世界上有一种专门拆散亲子关系的怪物，叫作长大。"这里，长大被比喻为怪物，形象地表达了亲子关系随着时间流逝可能遭遇的变化。

得到 App 的广告："干货是脱了水的知识，你要做的是将其放之四海。"将知识比喻为干货，强调了知识的实用性和广泛应用。

金士顿优盘的广告："记忆是一趟旅行，我们一同上车，却在不同的时间下车，但是，记忆永远都在。"这个类比温馨地提醒我们，尽管人们可能在生命中的不同时刻离去，但共同的记忆却是永恒的。

类比手法虽然可能在逻辑上并不总是严密的，但情感的力量和语言的美感，使其成为创作感人金句的有效手段。通过合理运用类比，我们可以创作出既富有哲理又具有强烈感染力的文案，从而深深触动读者的心灵。

综合以上内容，我们意识到文案的句式有时就像一个多组合公式，很多时候，套用就足以体现主题思想。但在金句写作中，我们需要的不仅是掌握各种句式的能力，更是对目标受众的深刻洞察，以及对人性情感的敏锐感知。通过精心挑选词汇、巧妙构建句子，我们写出的文案定能触动人心，激发人们的共鸣。

5.2.2 内容价值的三个度，写出金句的"里子"

除了表达层的精彩之外，金句之"金"关键在于它的内容价值和思想含量，需要被细嚼慢品才能回味绵长。金句的内容价值来自深刻的洞察，最终要落脚到意义启发或情感共鸣上。

文案界大咖东东枪在《文案的基本修养》一书中说："我们永远不能发明一个洞察，我们只能发现一个洞察。"书中提到，常见的洞察，从发现路径来看，大概可分为两类。

第一类叫作"心念已至，口未能及"。读者或许心里早有这种想法，但说不出来。当我们说出来时，他们就会觉得：没错，就是这么想的！

第二类叫作"一闻此言，恍然而悟"。读者或许从来没这么想过，但我们一说，他们瞬间就懂了，就认同了，发出"啊！太对了，就是这么回事！"的感叹。

其中，第一类属于说破型的洞察，我们找到认知与表达的缝隙，说出读者能想到，但无法说出的内容，成为他们的"嘴替"。

比如，某内衣的文案是："可怜了我的旧情人，看不到我的新内衣。"

第二类属于看透型的洞察，我们找到认知与认知的缝隙，说出被读者忽略的常识、道理和客观真相，让他们"惊醒"或者"清醒"。

比如，图 5-3、图 5-4、图 5-5、图 5-6 中的林氏家居"住进每一种偏爱"系列文案：

"最近我喜欢穿什么，我的椅子都知道。"

"茶几不仅可以放杯子、放鲜花，也可以用来放脚。"

"沙发经常无法落座，因为我还要给衣服让座。"

"从沙发陷进去的弧度里知道，我最近的伙食好不好。"

图 5-3　　　　　　　　　图 5-4

图 5-5　　　　　　　　　图 5-6

当洞察被注入金句中，它会给金句带来"三个度"，分别是有角度、有态度、有温度。

第一度：有角度

角度是看待事物的坐标系。当我们用不同的角度来写文案时，会为平常的事物赋予不平常的意义，使其具备创异性。

有角度的金句，关键是要摒弃人们惯性思维下的老生常谈，用全新的思维去解读事物。比如，支付宝的"所有的账单，都是你的日记"，陌陌的"世间所有的内向，都是聊错了对象"。这些金句结合产品特质，重新定义了账单、内向，让人读起来既有启发感，又有新鲜感。

有角度的金句，还可以通过挖掘平凡事物的不同之处或者隐藏的特性，创造独特的联系与组合，让司空见惯的东西产生全新的观感。某个"卖新鲜牛肉"的包装文案，以产品的使用场景为主线，比如，生牛肉可以做煎牛排、牛肉汤、牛肉火锅等，创作了一系列生动的金句文案。文案如下：

"不经历煎熬，怎能成为美味？"（煎牛排）

"生的伟大，熟的香辣。"（炒香辣牛肉）

"有事没事，拿我开涮。"（牛肉火锅）

英国文案大神大卫·阿伯特说过，他写文案时，会把一开始想到的陈词滥调都写下来，因为只有这样才能赶走它们，从而构思出全新的角度。好文案，看角度，如果角度切入得好，即便没有多么精彩的字句，也能写出不错的文案。

第二度：有态度

什么是金句的态度呢？即一种带有情绪的坚定观点，其中，观点是核心。它可以是一种鲜明的看法、一种挑战权威的思考，更可以是一种价值观的呈现，与价值观的输出进行捆绑，吸引拥有同样价值观的人，同样也隔离价值观不同的人。

除了观点之外，金句只有加入情绪，才能升级为态度。当金句融入了情绪，它所蕴含的价值观就能更有效地传递给他人。正如《疯传：让你的产品、思想、行为像病毒一样入侵》①一书中所说："只要简单地把一些有唤醒作用的情绪元素，加入故事或者广告中，就能激发人们的共享意愿。"

比如，锤子手机的"以傲慢与偏执，回敬傲慢与偏见"，蕉下的"我们穿上防晒衣，不是因为害怕太阳，而是为了拥抱太阳"。如图 5-7 所示，小红书露营文案："不是大人给了孩子童年，是孩子在陪大人复习童年。"这些都是有态度的金句，因为有观点，有情绪。

图 5-7　小红书露营文案

① ［美］乔纳·伯杰 . 疯传：让你的产品、思想、行为像病毒一样入侵 [M]. 北京：电子工业出版社，2014.

在某种程度上，金句价值观的输出也迎合了某种社会思潮。例如，在消费主义盛行的时代，会有许舜英的"三日不购物便觉面目可憎"；在宣扬个人主义时代，会有阿迪达斯的"不太巧，这就是我"。这些金句不仅是语言的美学，更是社会价值观在特定时空中的折射，反映出人们对于生活态度和个体意识的关注与追求。

第三度：有温度

有温度的金句，里面藏着情感支撑点，可以用一句话写出100句都说不清的心情。比如，某地产广告的宣传语："我们曾像胶水一样黏在父母身上，岁月却是溶解剂！"这句话中的情感支撑点是"亲情"。读者对亲情的理解都有这种感受，但却说不出来，这句话能挖到读者内心中的情感，帮他们说出来，让人产生感同身受的心绪。

有温度的金句记录着时代的情绪，反映大众的心情。比如：在这个焦虑的时代，慕思床垫不聊睡眠，却聊睡眠的幸福感，以治愈的文案"世间最美好，莫过于听着雨入睡，梦里却没有风雨"，构建了一幅夏天听着雨声睡觉的场景。看似简单的一句话，里面是精心设计的文字铺排，是精准有效的人性洞察，是丰沛充盈的人生阅历。

总之，有角度、有态度、有温度的金句，并不是语言上的字字珠玑，而是思想上的光芒万丈。我们在写文案金句时，要不断寻找新的角度，挖掘独特的观点，并融入情感的温度。只有这样，才能创造出真正触动人心的金句，为文案注入更深的内涵和强大的生命力。

5.3 撰写超能标题，让文案一秒变"招财猫"

广告之父大卫·奥格威在《一个广告人的自白》[①] 中深刻地指出："标题好比商品价码标签，用它来向你的潜在买主打招呼。"他进一步强调："阅读标题的人数是正文的 4 倍！"这两句引人深思的话揭示了标题在广告中发挥的核心作用——它不仅是吸引潜在顾客的第一步，更是影响推广文案被打开的关键因素。

在信息爆炸的时代，人们的注意力被各种媒介和信息源所争夺。这样的背景下，一个好标题的作用变得尤为关键。它必须在有限的注意力窗口期，完成吸引注意力、筛选目标听众，并传达完整信息的多重任务。

本节将深入探讨如何撰写标题，从分析好标题的构成要素开始，了解好标题的特征，并介绍了三个爆款标题的写作方法，帮助我们在有限的字符空间内产生最大的影响力。

5.3.1 拿捏两个度，让标题与用户同频共振

一个好的标题，并不是几个词的粗暴组合，它需要精心设计，具备两个度：识别度和相关度。

一、好标题具备识别度

相比于千篇一律的"网红脸"，具有识别度的高级脸，更容易让人记住。标题也是如此，具备识别度的标题更会吸引人阅读。

那么，如何才能提高标题的识别度呢？关键在于巧妙地在标题中植入"关键词"。关键词是第一时间映入读者眼帘的词语，读

---

① [美] 大卫·奥格威. 一个广告人的自白 [M]. 北京：中信出版社，2008.

者会在此基础上想象关键词后面的事物。关键词有以下几类："名"词、"热"词、数字。

1."名"词

此"名"词非彼名词，而是指有名气的人、事、物，包括广为人知的名人、明星、流行文化现象、知名企业、热门综艺节目，以及知名平台等。这类"名"词因其高辨识度，能够迅速吸引读者的注意，并激发他们的阅读兴趣。

以公众号"插坐学院"的一篇文章为例，原标题为"为了留住司机，滴滴雇人打车：这些牛逼的互联网公司，初期都咋推广？"。这个标题虽然有趣，但"牛逼的互联网公司"这一关键词过于宽泛，缺乏具体指向性。

后来，这篇文章在其他平台上以"你一定不知道，滴滴、美团、陌陌是如何积累种子用户的？"为标题发布，获得了超过10万的浏览量。这一变化凸显了"名"词在标题中的重要性。修改后的标题中，"滴滴、美团、陌陌"这些人们熟悉的App名称，因其知名度，成为吸引读者的强大动力。

例如，一篇关于电影推荐的文章标题为"正在过暑假的你，这5部电影你不能错过！豆瓣评分9.0以上"。在这里，"豆瓣"作为一个广为人知的电影评分平台，其评分系统的权威性为电影的质量提供了背书，使得标题更具有说服力。

公众号"一条"在其标题创作中频繁运用这一策略，借助"名"词形成信用背书。例如，标题"故宫出了条开运红绳，姚晨、景甜、吴奇隆都在戴"利用了故宫这一文化标志，以及姚晨、景甜、吴奇隆这些明星的名字，增加了产品的吸引力和信任度。另一个例子是"今年头采的西湖龙井，慈禧太后喝的就是这家的茶"，这里借助历史人物慈禧太后的品位，为西湖龙井茶增添了一份历史意味和品质保证。

2."热"词

每一年网络都会出现一波又一波的热门流行语，比如过去比较火的"工具人""后浪""内卷""凡尔赛""躺平""锦鲤""佛系青年"等。一个词语的流行，其实是一段时间内社会文化的缩影，它们的流行也表明公众对这些话题产生了广泛共鸣。

我们可以在文案中有意识地加入一些流行词语，或者带有热点新闻属性的词语，以营造一种轻松、熟悉的沟通氛围，从而吸引更多读者的关注。例如"周末特惠！职场'工具人'变身海岛度假达人，独家体验等你抢！""'佛系青年'的香氛哲学：一瓶香水，一段宁静的心灵之旅"。

合理且精准地运用这些"热"词，不仅能拉近产品或服务与读者的心理距离，还能将公众对热点事件的注意力引导到我们的文案上，进而增加文章的点击率和转载率。

3.数字

相较于文字，数字的辨识度会更高。例如，标题"每年卖出1000万瓶的脱发救星，用它发际线回来了！"中，"1000万"这样的具体数字，比"一千万"这样的汉字表述，更能产生强烈的视觉冲击力，因此更能吸引读者的注意。

我们还可以通过数据对比制造反差感，从而激发读者的兴趣。例如，推广亲子旅游线路的推文标题为"爽呆了！6天5晚不到3000元，竟然带娃玩遍了东京大阪富士山"，通过强调低成本和高价值的体验，创造了一种难以抗拒的吸引力。这种方法不仅展示了产品的高性价比，还传达了一种令人兴奋的旅行体验，足以激发用户的好奇心和购买欲望。

二、好标题具备相关度

在信息爆炸的时代，人们只关注跟他有关的信息。这就好比在人声鼎沸的广场上，我们往往会忽略周围的谈话声，但如果有人呼唤我们的名字，我们会立刻注意到。同样，要让标题吸引读者，关键在于提高标题的相关度，确保它与读者相关。以下是三个提高标题相关度的有效策略。

1. 指向读者标签

标题隐含着自动筛选读者的作用，要指向明确，让目标受众一眼辨识到"这是和我相关的内容，和我有很大的关联性"。基于此，我们可在标题中说出读者的职业、年龄、身份或者所在地等信息。比如：

说出他的职业 / 从事的行业：管理者、程序员、律师。比如："程序员如何提高工作效率不加班？"

说出他的年龄："90 后"、阿姨、中年等。比如："过了 18 岁，眼部这样保养才不显老。"

说出他的身份：孕妇、妈妈、丈夫、妻子等。比如："真正伤害孩子的爸爸其实是这 5 种。"

说出他的所在地：北京、上海、成都等。比如："北京人都不知道的 10 个隐藏景点。"

说出他的群体符号："95 后"、二次元、御宅族等。标题中出现这类词能够很好地吸引相关人群。比如："刷脸晒腿跑步三件套，没想到你们是这样的'95 后'。"

这些关键词就像特定人群的"暗号"，一旦对上，相关读者就会主动阅读。越是精准地针对某个目标对象，那些符合条件者就越可能产生兴趣。

如果难以从读者群体中提炼出上述特征，直接使用"你"这个口语化的词，也能有效地吸引读者的注意。例如"恭喜你！在 25 岁之前看到了这篇最靠谱的眼霜测评！"，这样的标题直接与读者对话，营造出一种个人化和直接沟通的感觉。

2. 对读者有用

一个对读者有用的标题应该提炼并展示目标客户想要的结果，直接指向读者能够获得的实用价值和帮助。在自我利益的驱动下，读者会自然产生强烈的阅读动机。例如，标题"这 100 条职场常识，你越早知道越好"直接承诺了对职业发展的早期益处，标题"年终汇报这么做，升职加薪就不远了"则指明通过特定方法可以获得的职业进步。

对读者有用的标题，要么提供方法捷径，要么提供优惠福利。所以，我们还可以在里面加入促销、折扣、优惠团购等内容，以增强它的吸引力。这里介绍两个标题公式。

（1）"方法捷径式"标题公式：【谁】+【怎么做】+【可以得到什么好处】。

以某理财课程的标题为例，套用这个公式后，我们写出的文案是"上班族学会这套理财方法，可以净赚 10 万元"，其中"谁"是"上班族"，"怎么做"是"学会这套理财方法"，"可以得到什么好处"是"可以净赚 10 万元"。

（2）"惊喜优惠式"标题公式：【产品亮点】+【最低限价】+【限时限量】。

撰写标题时，对于产品亮点的描述应具体而吸引人。我们可以使用如下词语来强调产品的优势，如"超值""人气旺""爆款""明星同款"等。

同时，对于"最低现价"的表述，避免使用模糊的"优惠"或

"大促销"等字眼，而应提供明确的价格信息。如"仅售99元"，这样的具体数字更容易吸引消费者的注意。

此外，加入"限时限量"的元素，可以有效营造紧迫感，激励消费者立即行动，如"限时24小时，限量100件"。

按照这个标题公式，我们可以将原标题"当红款包包低价促销中"优化为"小红书上出圈的明星同款包包，本周五之前居然只要1元钱"。

3. 引发读者情绪

情绪是跨越文化、民族、种族、性别、年龄和认知的通用语言，包括幸福、悲伤、恐惧、愤怒、厌恶、惊讶等多种类型。撰写标题时，我们融入特定的情绪，可以极大地增强读者的代入感和情感共鸣。

我们可以在标题中宣布"好消息"，渲染喜悦的情绪。例如"终于搬进梦寐以求的家！120平方米现代简约风格，我的理想之选""喜大普奔！苏州下半年这16个超好玩的地方即将开业！"，这些标题通过分享积极的消息，唤起读者的幸福感和期待。

也可以在标题中注入"温暖治愈"的情绪，摁下人们心中的"多巴胺按钮"。比如"把耳朵还给自然，听万物回响"，这样的标题能够激发读者内心积极的情感。

还可以在标题中制造情绪冲突，设置问题阻碍或展示损失后果，来唤醒大家的恐惧情绪。比如"不会写作的你，正在失去职场竞争力"，这种类型的标题通过突出潜在的问题，激发读者的紧迫感，促使他们采取行动。

总结来说，一个巧妙构思的标题起着至关重要的作用。它像一座桥梁，将内容与读者紧密相连。通过巧妙地融入"名"词、"热"词、数字等元素，标题的吸引力和影响力可以得到显著提升。进一步地，通过指向读者的具体标签、对读者有用，以及引发读者的情绪等策略，我们不仅可以扩大标题的传播范围，还能有效提升读者的参与度。

5.3.2 三种爆文标题类型，新手也能写出吸睛标题

一个精心构思的标题，不仅能够吸引读者的眼球，更能够激发他们的兴趣，让他们愿意深入了解我们想要传达的信息。然而，对于许多文案新手来说，如何写出吸引读者的标题，往往是一个挑战。

本节将揭晓三种爆文标题类型，帮助我们在内容营销的战场上，用文字的力量，点亮读者心中的好奇心。

类型一：悬念式标题

悬念式标题就像一桩"谜案"，利用人们对未知事物的好奇，或者违背认知的观点来吸引大家关注的目光。这类标题常以设问或反问的方式，将读者不由自主地代入思考中。比如，Timberland（添柏岚）野外休闲鞋曾做过一则凸显其制造工艺的广告，标题为："鞋上有 342 个洞，为什么还能防水？"这兼具悬念与趣味的标题，在读者心中埋下了好奇的种子，让他们想一探究竟。

撰写标题时，我们可以在原因上制造悬念，常用的疑问词是"为什么"。比如某个亲子课程的标题是："为什么孩子越大越不愿意和你交流？"但疑问词只是悬念的表现形式，如果不对标题进行悬念等级更高的改造，这个标题就会比较平淡。

如表 5-1 所示，我们在这个标题的基础上，加入一些更能引发悬念的元素，立竿见影地增加读者的好奇指数。

表 5-1 悬念式标题

原　标　题	悬念元素	改造后的标题
为什么孩子越大越不愿意和你交流	为什么……+数字概率	为什么孩子越大越不愿意和你交流？99%的父母都不知道
	为什么……+关联权威	为什么孩子越大越不愿意和你交流？听10年资深宝妈怎么说
	为什么……+反认知疑问	为什么学了很多亲子沟通的技巧，却还是不能让孩子与你好好交流
	反问+为什么……	孩子不愿意与你交流，难道就只能妥协吗？为什么不试下这个方法

除了在原因上制造悬念，我们还可以利用"如何、什么"等疑问词，在结果上制造悬念。比如：

"如何用10秒钟，把堵塞的鼻子变通畅？用它喷一喷，舒服一整天！"

"用1次=200张面膜，什么治愈瓶可以帮你省掉1年面膜？"

"一个短短的3小时课程，是如何教你做一个不焦虑的爸爸妈妈？"

这类标题将产品的亮点和功效以悬念的方式进行表达，为读者营造了"低付出、高获得"的理想状态，促使他们快速感知到产品能给自己带来的好处，进而产生想要进一步了解产品的欲望。为了消除心底的疑惑，他们必然会锁定标题，了解更多。

类型二：对比式标题

对比式标题就像一把"标尺"，通过在事物之间进行比较，在读者的心中激起一层冲击的涟漪。此类标题通过多种方式的对比，放大描述对象的"光环"，吸引用户进一步了解。

在写此类标题时，我们可以采用"傍大款"式的对比，即有意识地跟某些明显势能更高、影响力更强的人或事物形成关联，通过与更高、更强的事物进行对比，来增强主推事物的"势能"，刺激用户意愿。比如："同样是咖啡店，它比星巴克厉害在哪里？"

还可以采用"冲突式"对比，利用事情的反常或不合理性，把矛盾的对立面放在一起，制造强烈的情感冲击力。诸如"月入1500游遍欧罗巴，这位"00后"是这么做的""一日三餐都吃肉，半个月瘦身10斤的秘密"……这些冲突式标题，颠覆了我们的常识性认知，也引发了我们强烈的好奇心。

对比式标题可以让原本不错的题目再上一层楼。举个例子，原标题是"5步教你打造百万用户参与的营销策划方案""4招教会全职宝妈赚到200万元"这两个题目本身也可以打及格分，里面的"5步、百万用户、200万"等关键词可以吸引一部分用户，但还有提升的空间。

如果将其改为对比式标题，在前后效果上营造冲击，即用户使用某产品或服务前后的差别，通过对比让用户感受到产品的功效，则可以写成"5步让你从小白到大牛，打造百万用户参与的营销策划方案""宝妈从零收入全职带娃到靠这4招赚到200万元，连挑剔的婆婆都点赞"。通过在标题里面加入对比，即小白和大牛、零收入和赚到200万元，文案满足了相关读者群体的内心渴望。

此外，数字是对比式标题中的一剂"猛药"。在对比中加入数字，可以瞬间让人对一件事有明确的概念，更好地表现对比中的反差感。比如"网红圈爆火的美白牙膏，仅仅15天，牙齿白了2个度，堪比洗牙"，其中的数字是对产品功效的佐证，不仅能赢得用户的信任，还能推动用户对结果有所想象。

类型三：故事型标题

故事有起伏的情节，被赋予想象空间，能满足人的好奇和猎奇心理。具有故事元素的标题，很容易被用户的手指戳中。

故事型标题就像一个mini版的小故事，让读者在寥寥数语之间读到浓缩版内容。比如某公众号为一家花店所写的软文"30岁海归姑娘裸辞，在三里屯地下开了家'可以吃的花店'，连李健都慕名前往！"，标题中包括了人物、地点、事件，短短一句话，就把故事精华进行了概括。

在标题中讲故事，重要的是讲情节。故事情节一般包括开端、发展、高潮、结局四部分。故事型标题会在内容中对情节的各个部分进行编排，以此收获不一样的效果。

有的标题侧重于情节的开端和结局，通过前后的戏剧性差异钩住读者的好奇心。比如某授课软件的软广"他放弃外企高管职位，自掏2000万做视频，最高点击超9亿！"，某烹饪课程的标题"他从零开始学习烹饪，6个月后成为美食博主，做菜视频点击破千万！"。这类标题塑造了强烈的反差感，让人产生了"一探究竟"的欲望。

有的标题侧重于情节的发展和高潮，在里面加入意外、反转的元素，带来戏剧效果。比如："20岁买豪宅，28岁掌管150家店……在他年入7位数之时，却扔掉了家里90%的东西！"

好的故事型标题是懂节制的，在给出情节的同时，不会过多地透漏细节，只保留一些能激起读者好奇心的内容。至于情节是如何发展的，里面有哪些惊喜和亮点，就需要读者阅读整体的内容来探究。

无论是悬念式、对比式还是故事型标题，其核心目标都是通过激发读者的好奇心，促使他们阅读更多内容。巧妙地运用这些标题类型，即使是新手作者也能创作出具有强大吸引力的文案，提升产品或服务的传播效果。

5.4 设计短视频文案的"起承转合"，让用户看上瘾

带货短视频是如今产品营销的重要阵地。它们以独特的视觉冲击力和紧凑的叙事节奏，迅速吸引了观众的注意力。然而，在这场视觉盛宴的背后，文案的作用不容小觑。一个精心构思的短视频文案，能够激发用户的购买欲望，其影响力足以推动销售额的跃升。

一个能够快速出单的短视频，其文案结构遵循着"起承转合"的传统叙事法则，分为四个部分：开场、发展、高潮和结尾。根据图 5-8 的展示，我们可以更清晰地理解每一部分的脚本逻辑和目的。

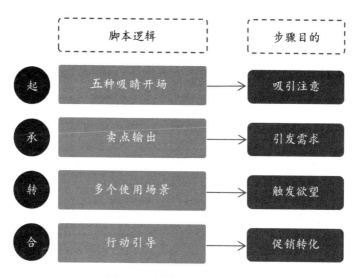

图 5-8 带货短视频脚本逻辑

接下来，我们将深入探讨每一部分的打造方法，从如何设计一个吸引眼球的开场，到如何创作一个强有力的结尾呼吁行动，提供一系列实用的技巧。

5.4.1　起：黄金三秒，引注意

短视频的开场是一条视频的"捕手"，目标是拉停留，让用户继续往下看视频。所以，我们必须在前三秒钟吸引住观众，否则，99%的用户会在三秒前就划过，更别提让用户产生点赞、评论、转发，甚至购买产品的行为。我们需要精心设置开场内容，使其像"吸铁石"一样吸住观众。

如何在三秒之内抓住用户的眼球，让他舍不得划走呢？下面总结了五种吸睛式开场方式。

1. 疑问式开场

顾名思义，疑问式开场就是在黄金三秒向观众抛出问题，引发观众的好奇与思考，让人不由自主地看完视频，寻找答案。比如：

"在成都人均二三十能吃一顿什么样的火锅？"

"如果你的钱只够买一样东西，你会买什么？当然是全网都在推的×××，因为它的优惠力度实在是太大了。"

"这么多明星都在推荐的×××，到底有多好吃？"

2. 痛点式开场

痛点建立在用户未满足的需求基础上，在开场中就描述用户的痛点，很容易引起观众的共鸣。比如："你是不是拍了好几个小时的短视频，发布出去，观看量寥寥无几？"

痛点式提问是常用的开场方式之一。举个例子，如果要在视频中卖防晒霜，我们可以提出这样的痛点式问题："为什么你明明很认真地涂防晒、举遮阳伞，但是，你还是晒黑了？甚至后背、手臂

都有大片的发红……"如果观众正在面临同样的困扰，就会继续观看视频。

3. 利益式开场

观众都对与自己相关的好处感兴趣，因此，在视频一开始，就明确告诉观众将得到的具体好处，可以极大地激发他们继续观看的兴趣。这种方法尤其适用于知识分享或技能教学类的账号。比如："做短视频不会做拍摄怎么办？本视频 7 秒教会你拍出炫彩大片。""4 步教你有效控油，告别大油皮！"

将好处嵌入问题中作为开场也是一种能够激发观众好奇心的有效方法。比如，要推广一款减肥产品，我们可以这样设计开场白："不想打针，不想吃药，还想在短短 10 天内轻松减掉 3 斤？秘密就在这里……"这样的开场不仅提出了一个问题，还暗示了一个吸引人的解决方案，自然会吸引想要减肥的观众停下脚步，继续探索视频内容。

4. 清单式开场

在短视频的开头直接呈现内容清单，能够迎合人们的"囤积心理"，给人一种"别人已经为我精心挑选"的感觉，自己只要收藏起来就好。这种清单式内容的提供，促使观众更愿意点赞或下载视频，从而有效提升视频的点赞率和转发率。例如，可以这样设计视频的开场：

"30 岁之前，一定要知道的 8 件事。"

"要想皮肤白到发光，你必须囤的 5 件美白好物。"

通过这样的开场，我们不仅为观众提供了一个明确的观看动机，还激发了他们收藏和分享的欲望，自然而然会增加他们与视频的互动，提高视频的传播效果。

5. 冲突式开场

冲突式开场的核心在于制造一种观众难以抗拒的对比效果，承诺以小成本获得大回报。这样的开场能够立即点燃观众的好奇心，促使他们继续观看整个视频。

例如，美食探索的视频可以这样开场："嘿，我教你如何用100块吃遍整条街！"这样的开场不仅创造了一种挑战常规的情境，还预示了即将分享的实用信息。

如果视频是关于在家享受按摩的，可以这样吸引观众："不到100元，你就可以在家享受到贵妇级的美容按摩体验。"这种开场直接触及观众对高性价比体验的追求，同时激发了他们对视频内容的兴趣。

5.4.2　承：卖点输出，造需求

在短视频营销中，开场不仅仅是为了吸引观众的注意力，它还承担着筛选目标观众和引导精准流量的重要任务。然而，开场后的承接阶段同样关键，它起着桥梁的作用，旨在保持观众的兴趣并促使他们观看完整段视频。这个阶段通常占视频总时长的20%左右。

在承接阶段，重点在于加强观众对产品需求的认同感。这需要我们深入挖掘并关联观众的痛点，有针对性地输出产品的卖点。

以一个销售"驱蚊垃圾袋"的视频为例，它的开场语是："早知道有这种能驱蚊的垃圾袋，家里就不至于招来各种小虫子了。"这样的开场语直接触及观众的痛点，即家庭常见的蚊虫问题。紧接着，视频迅速过渡到产品的卖点介绍，文案是："一打开，便能闻到清新的精油香味，这款垃圾袋能有效驱赶蚊虫，让你和家人远离蚊虫叮咬的烦恼。"通过这样的卖点输出，它不仅解答了观众的疑惑，还强化了他们对产品的需求。

5.4.3 转：使用场景，撩欲望

在短视频的前段内容成功吸引观众并铺垫了背景之后，我们现在转向视频的中心环节。这一环节通过一系列精心设计的"转场"镜头，进一步揭示产品在多样化场景下的独特卖点，从而加深观众对产品的印象。这部分内容一般占整条视频时长的50%，其核心在于详尽地呈现产品的特性、使用方法、优势，以及与用户日常生活的相关性，以此增强用户关注度和下单的决心。

以上文卖"驱蚊垃圾袋"的视频为例，继之前的开场和卖点输出之后，它通过一系列流畅的转场，将观众带入不同的使用场景，让产品卖点在各种情境下得到充分展示。

例如，在第一个转场中，展示出垃圾袋在日常生活中的承重测试：塞满垃圾后，垃圾袋依然完好无损。这直观地展示了其出色的承重能力。紧接着，通过另一个转场，将厨余垃圾倒入带有提手设计的垃圾袋中，让观众看到，即使处理湿垃圾，双手也能保持干净。

在设计转场展示时，我们要确保每个场景的切换都自然流畅，每个卖点的展示都清晰有力。目标是让观众不仅目睹产品的实际使用，更要深刻体会到产品如何解决他们的实际问题，以此来激发他们持续关注或立即采取购买行动的意愿。

5.4.4 合：行动引导，促转化

短视频的结尾发挥着行动引导的功能，这个阶段的内容一般占整条视频时长的10%。它的目标是通过明确的行动号召，如引导点击关注、提供直接购买链接等，来促进转化。

在结尾部分，我们要突出产品的性价比或者展示其价格优势，

同时利用优惠政策来吸引客户购买。例如，对于驱蚊垃圾袋产品，我们可以这样表述："一包内含200只，足够您整个夏天使用。"这样的信息直接传达了产品的经济实惠。

接着，我们可以增加优惠力度来进一步刺激购买欲望："仅需××元，您将得到一包、两包、三包……总共九包垃圾袋。如果您现在下单，还将额外获得两包。"

通过这样的结尾，我们不仅为观众提供了明确的行动路径，还增强了他们的紧迫感，从而有效提升视频的转化率。

总结而言，一个带货能力强的短视频需要一个清晰的结构主线。这包括精心设计的起、承、转、合四个部分。每个部分都应该有其独特的吸引点，确保观众从一开始就被吸引，并一直保持高度的兴趣，直到视频结束。

当视频内容能够一以贯之地吸引观众，并在结尾以强烈的行动号召结束，它便能显著提升视频的互动和转化潜力。这样的视频更有可能获得平台的青睐，赢得更多的曝光机会，进而实现内容的"爆红"。

5.5 讲个"好故事"，高转化的秘密武器

有句话这样讲："如果你想造一艘船，先不要雇人去收集木材，而是要激起人们对大海的渴望。如果你想激起人们对大海的渴望，最聪明的方法是给他们讲个关于大海的故事。"从远古时期的篝火夜话，到一万年以前的洞穴岩壁，再到今天的巨幕电影，成千上万的故事在流转、传播，催动着人们情绪的共振。

在信息爆炸的新媒体时代，故事的力量更是不容小觑。通过讲故事就把一款产品卖爆的例子有很多，比如褚橙、轻生活卫生巾、

植观洗发水、乐纯酸奶等。这些品牌通过故事营销，不仅收获了可观的销售额，更在人们的记忆里植入了品牌形象。

《销售就是卖故事：金牌销售员都在讲的 50 个故事》[①] 一书中说："如果推销是一剂苦药，那么销售故事就是让人快乐服药的一勺蜜糖。"好的营销文案也遵循这一理念，把产品的卖点藏在故事中，利用人类对故事的天然喜好，以一种更巧妙的方式吸引用户眼球，开发用户心智。在提高产品传播力的同时，它还能提升产品在消费者心中的价值感。书中讲到一个案例：

2009 年 7 月，新闻记者罗波·沃克和作家乔希·格伦做了一个不同寻常的实验。他们从旧货店和车库小卖部买了 100 个小物件，包括大理石、体温计、木槌、粉色玩具马、开瓶器、圣诞老人的胡桃夹子，平均每件东西花费 1.29 美元。

然后，他们让志愿者根据这些小物件编写虚构的小故事。有位作者从一个小女孩的角度给猪形陶瓷储蓄罐创作了这样的故事：这个小女孩认为小猪储蓄罐受到了诅咒，小女孩的爸爸每次发工资后都会把工资的一半放进小猪储蓄罐，她只能眼睁睁地看着这些纸币在一周内变成硬币，然后最终消失。

沃克和格伦在易贝上出售这些小物件，这些小物件的旁边并非产品说明，取而代之的是为这些小物件特写的童话故事。他们认真声明这些故事纯属虚构，从而避免人们认为正在出售的小物件并非普通日用品，而是某种意义上的特殊产品。

仅仅 5 个月的时间，100 个小物件全部售出。实验者最初支付了 128.74 美元，而在易贝上的销售收入高达 3612.51 美元，也就是说小物件的价值增加了约 2800%。

---

① [美] 保罗·史密斯. 销售就是卖故事：金牌销售员都在讲的 50 个故事 [M]. 北京：北京联合出版有限责任公司，2017.

这个案例生动地证明了故事的力量。故事不只是产品的外在装饰，它们也是传递有价值信息的载体。当一个实体产品与独特的故事相结合，它的价值就会得到显著提升。因此，只要我们所推广的产品背后有可挖掘的故事，我们就可以将其打造成产品的一大卖点。

5.5.1 用 SCQOR 把"事故"变成"故事"

如何讲好一个具有传播性和销售力的故事呢？回想一下，其实，我们在中学阶段就学过故事说明的五个要素，包括何人、何事、何时、何地和情节。将这些要素迁移到卖货型文案的写作中，我们只需从销售的思路去精心编排各个要素之间的关系，将它们巧妙地融合在一起，就可以极大地增强消费者的兴趣，激发他们的购买欲望。

如图 5-9 所示，SCQOR 故事展开法就是一条思路流畅的故事讲述路径，它通过结构化的内容编排，能够帮助我们写出具有说服力的故事。

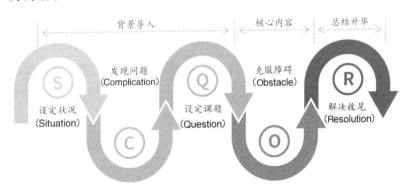

图 5-9　SCQOR 故事展开法

所谓"SCQOR"，是每个英文单词第一个字母的缩写，即 S: Situation（设定状况）、C: Complication（发现问题）、Q: Question（设

定课题）、O: Obstacle（克服障碍）、R: Resolution（解决收尾）。将这个结构迁移到产品推广的故事中，具体意义分别如下。

设定状况： 设定时间、地点、人物，通过介绍目前稳定的状态，为产品出场做铺垫。

发现问题： 产品尚未出现之前引发的人、事矛盾，在这一阶段，稳定的状态被打破，问题浮出水面，实际情况常常与目标存在冲突。

设定课题： 明确问题对主角来说意味着什么。

克服障碍： 产品的"英雄救美"时刻，以产品的独特优势为基点给出解决方案，详细描述解决问题的过程中，人们是如何克服困难的。

解决收尾： 问题解决后的顿悟时刻，用户可以自行揣摩和想象。这也会让故事更易于被理解和记忆。

其中，S、C、Q 是故事的背景导入，交代人物、时间、地点、原因，也就是谁是主要人物？故事发生的时间、地点是什么？主要人物遇到了什么问题？他想要什么？这部分内容隐藏着故事的看点——冲突。

冲突来自主人公的渴望得不到满足，进而与障碍较量的地方。它既可以发生在内心世界，也可以发生在外部环境中，创造了一种让观众对下一步将要发生的事充满兴趣的紧张气氛。

很多经典的电影非常擅长制造冲突。比如电影《让幸福来敲门》，主人公梦想成为高收入的证券经纪人，但是他在实现梦想的过程中遇到很多困难，比如实习期没有收入、妻子离家出走、独自抚养 6 岁的儿子、父子俩流落街头……一系列让人揪心的冲突，吸引着观众继续看下去，并让故事结尾显得更有价值。

放在产品推广故事中，冲突的营造往往源于一个未实现的目标或遇到了亟待解决的问题，通过设置矛盾与对立，冲突就会浮出水面。比如，我们要推广某款"能定位、能打电话"的儿童智能手表，就可以从"父母对孩子安全的担心"入手，放大其中的冲突。

在"SCQOR"框架中，O 是故事的核心，也是故事中最长的部分，针对前面设定的课题，着重描写如何解决的过程。这个过程往往不是一帆风顺的，具有起伏性。

在这一阶段，产品隆重登场，开启"英雄救美"之旅。通过将产品植入到主人公的生活化场景中去实现"种草"，进而展现产品的核心价值。与此同时，产品也在其中成为推动故事情节发展的道具，帮助读者理解故事。

最后，R 是故事的总结升华。放在产品推广中，这部分要从更高的维度去提炼产品对于主人公的意义，进而映射出这款产品对于目标受众的意义。

我们试着利用"SCQOR"框架讲述一位宝妈应对分离焦虑的故事，并推广"儿童智能手表"这一产品，示例如下。

S：Lily 是一位全职宝妈，每日在家事无巨细地照顾孩子。自从孩子出生到上幼儿园之前，他们从没有分开超过一个小时。转眼间，孩子三岁，需要去上幼儿园了。

C：自从孩子上幼儿园后，Lily 每天都过得提心吊胆，担心孩子在学校有没有好好吃饭，也担心儿子想妈妈了，会不会在学校哭。她有时在新闻上看到"人贩子"的新闻，还会脑补出孩子被坏人拐走的画面，心中很是不安，恨不得每天陪孩子一起上幼儿园。

Q：Lily 渐渐意识到如果这种状况得不到解决，一方面孩子的安全无法得到保障，另一方面自己的心态也会很崩溃，每天做事魂不守舍，严重影响到了生活。

O：Lily 从网上了解到儿童手表可以对孩子进行定位，还能打电话，于是她买了几款手表给孩子用起来。但在使用的过程中，她发现这些手表要么定位的误差太大，要么视频通话不清晰，总觉得不称心。

直到有一天，Lily 与另外一位宝妈聊天，那位宝妈因为与 Lily 有过相同的经历，特别感同身受，于是给 Lily 推荐了 ×× 儿童智能手表。Lily 把它买回家，经过 2 周的测试，发现这款手表就像 24 小时的全方位"保镖"，随时随地都能守护孩子。

利用手表的精准定位功能，Lily 仿佛拥有了一台超级望远镜，能够随时掌握孩子的位置信息，甚至能精准地知道他在哪栋楼的哪一层。就算在机场、车站、商场等人多密集的地方，她也可以快速定位孩子的位置。

每天中午，Lily 还会和孩子视频通话，看看他在学校吃得怎么样，有没有去睡午觉。手表前置 500 万像素摄像头，把孩子拍得特别清晰。看到孩子脸上流露出来的各种可爱的小表情，Lily 悬着的心也安定下来了。

R：随着时间的推移，Lily 逐渐学会了放手，她对孩子的分离焦虑慢慢消退。这款手表提供的全面保护，让 Lily 对孩子的安全倍感放心。她对"爱"的理解也因此变得更加深刻。

由此可见，"SCQOR"通过环环相扣的结构构建出一个逻辑完整的故事。故事有情节、有冲突、有高潮、有结果，经过一层一层的情节推进，将主人公面临的"事故"变成了"故事"。在这个故事中，产品的独特卖点被巧妙地融入，更能触动受众的情感，激发他们的购买欲望。

5.5.2　三种故事类型，让产品留驻人心

"SCQOR"结构适合用于创作各种类型的产品故事。通过这种

结构，我们可以巧妙地将产品的卖点和价值嵌入故事中，迅速打开消费者的"信任之门"，建立起品牌与消费者之间的情感联系。以下是三种常见的产品故事类型。

类型一：产品过程故事

一款产品从设计灵感到研发创新，从精选原材料到精细生产，再到销售盛况，每个阶段都蕴含着不同的产品卖点。我们可以从这些过程中挖掘形形色色的故事。

以原材料的选择为例。在当今这个产品过剩的年代，人们越来越注重产品背后的原材料，买零食要买无添加的，买护肤品要买不含酒精、香精、防腐剂的，就连买个蛋黄酥用的都得是广西北海红树林的海鸭蛋才能更胜一筹……

如果我们要推广的产品在用料选材上很讲究，那么，这样的故事一定要讲出来，从源头来展现产品原料挑选的细节。比如，一款姜茶的文案是这样写的："研发团队花了267天，走访了山东、山西、河南、陕西、云南、浙江的20多个城市，只为寻找原产地的最优老姜。因为只有那种外表是土黄色、切开后纤维多、味道偏辛辣的姜才是熬制姜茶的好材料，才能保证姜茶的营养价值。"

同样，产品的生产过程也值得讲述。比如，某款面膜的文案这样写："一片面膜要成型，需经过'制水车间''乳化''静置''灌装'和'包装'等环节，工厂里的水要生成医药级纯净水，需要通过活性炭、多介质、树脂层、RO反渗透膜等层层过滤。然后根据不同的比例将各种原料进行搅拌，为了保证面膜成分的活性，在生产中，是不能放防腐剂的。"

此外，我们还可以讲述产品的设计过程、研发过程、包装过程、畅销过程等。通过对过程的塑造，不仅能够增强人们对产品价值的感知度，更能让产品的卖点深入人心。

类型二：产品创始人故事

走心的创业故事往往比简单、粗暴的低价福利和狂轰滥炸式的营销更能赢得用户的信任和好感。这类故事往往以创始人的初衷、信念、价值观等作为原点，通过动心起念或者曲折经历感染受众，进而制造认同感，拉近用户和产品的距离。

我们可以利用"SCQOR"的故事框架，来打磨一个产品创始人的故事。

故事伊始，先导入创始人的背景，为其设定一个平衡的状态。随着故事的发展，一个挑战或目标出现，打破了这种平衡，激发出创始人创造新产品的决心。于是，他踏上了"英雄之旅"，即开发产品的旅程。

在这个过程中，创始人遇到一系列阻碍，比如能力不足、技术难题、朋友和家人的不理解、现实情况的打击、外界的打压，等等。然而，正是这些挑战，塑造了创始人的形象，展现了他们的不懈努力和坚定信念。

接下来，我们进一步讲述创始人是如何逐一克服这些难题的。并在收尾阶段，展现创始人克服难题后取得的成果，给故事画上一个完美的句号。

除了创始人的故事，我们还可以从与产品相关的投资者、经销商、合作伙伴等视角出发，讲述他们的故事，从不同人物的角度去展现产品的卖点，丰富产品的内涵。

类型三：产品服务客户的故事

这类故事俗称"客户成功案例"，即讲述一个普通用户使用产品达到理想状态的故事，把产品带来的好处具象化到个体身上。这种以小故事形式展现产品价值的方法，不仅能够增强其他潜在用户的信任感，还能帮助他们跨越理解产品的鸿沟，直接感知到产品的好处，从而节省理解成本。

让我们以一个理财训练营的推广文案为例，看看它是如何通过讲述用户故事来展现产品的价值的。故事梗概如下。

2 年前的小芳，是一个理财小白，花钱大手大脚，典型的"月光族"。每次刚发完工资，5000 元还完花呗后，所剩无几……

一次偶然的机会，她接触到了 ××× 理财课程，知道了"理财就是理生活"，于是她一边苦学理财技巧，一边将其总结成经验。遵循理财导师的指导，她用一部分积蓄做滚动式定存，一部分做基金定投。随着理财经验的积累，她渐渐地开始投资一些"增值"的产品。

同时，随着理财思维的建立，她也开始尝试用攒下来的钱去开展有前景的副业。一路的坚持，让她发生了蜕变，现在每月她有三份收入，包括主业、副业、理财收益。其中仅每个月的理财收益就1 万多。

随着她的经济状况越来越好，她也愈加自信。她说："我做得最对的就是：坚持对的事情不放弃。"

目睹曾经的"月光族"通过参加理财训练营实现财务自由，这样的转变不仅令人印象深刻，更能在潜在客户心中激起强烈的共鸣，同时让人们在无意识中形成一种期待——"如果他们能做到，那么我也可以"，进而产生购买产品的欲望。

为了积累更多这样的故事，我们需要多多走进客户，与他们互动，记录他们使用产品前后的心理反差，以及生活状态的变化，因为这些变化就是强有力的购买理由。

在产品的汪洋大海中，一个好故事就像一座灯塔，照亮产品的独特价值。无论是产品过程的精心打造、创始人的坚持与奋斗，还是客户的成功转变，这些故事都不仅仅是营销的工具，更是与消费者建立深厚情感联系的桥梁。我们可能记不住产品的配料表，记不住产品的包装设计，记不住产品的价格……但一定会记得住一个好故事。

5.5.3 把握三个创作要点，让故事成为"故事"

产品故事，除了要有故事结构外，还要有故事的亮点。就像我们看小说一样，只有细节铺陈到位、信任建立恰当、情感链接及时，才能吸引我们看下去。如图 5-10 所示，把握下面三个要点，才能让产品故事真正成为"故事"。

图 5-10　故事的三个创作要点

要点一：细节刻画

充满细节的故事文案自带镜头感，更容易被用户的大脑接收，感染力也会更强。比如，一则关于"偷肾"的都市传说："有人在拉斯维加斯的一个塞满冰块的浴缸里醒来，发现自己的肾脏被摘。"其中"塞满冰块"就是一处细节描写，让人似乎听到了浴缸里冰块摩擦的咔嚓声，皮肤似乎也感受到刺痛的寒意。

充满镜头感的文案充分调动了人们的视觉、触觉、听觉等感官，令人难以忘却。有一家卖小龙虾的饭馆，写的文案如下。

我们的小龙虾，每天早上 5 点多采购回来，先放到大盆里面滴水养上 1 个小时，然后再用刷子洗 100 多次，用剪刀把壳剥了，一共要经过 3 次清洗!

然后,由穿着白色衣服、戴着帽子和口罩的厨师,开始大火翻炒 8 分钟,依照先后顺序放入 9 种精选配料和 8 种调料,最后倒上啤酒,小火焖煮 20 分钟。

一盘红油油、鲜嫩嫩的美味小龙虾端上你的餐桌,只等你戴上一次性手套,剥开它的壳,送入嘴中……

丰富的细节描绘,有如"纸上的镜头",把一盘美味小龙虾的诞生过程淋漓尽致地呈现在读者的面前,好像让人真正地看到、听到、尝到一样。在撰写产品故事时,我们可以将"镜头"聚焦产品诞生的每一个环节,将这些过程放大并细化至每一个细微之处。

一个好的产品故事,就像一部精彩的电影,通过细节的铺陈,让读者在心中构建起对产品的深刻印象。所以,让我们用细节讲述故事,用情感链接消费者,让产品故事真正成为打动人心的叙述。

要点二:信任符号

《超级符号就是超级创意:席卷中国市场 10 年的华与华战略营销创意方法》① 一书中提到:"符号是指一切具有携带意义的视觉形象、听觉符号、触觉符号、味觉符号和嗅觉符号。在学校走廊上闻到臭鸡蛋味,就知道这是化学课的符号、硫化氢的符号、有毒的符号、叫你捂住鼻子快速通过的符号。"由此可见,符号不是发明出来的,而是利用人的原有记忆,使符号与人体大脑进行快速链接。

信任符号是信任中的符号系统,比如警徽、制服就是符号。我们看到穿制服的警察与穿便衣的警察,内心产生的信任度是不同

---

① 华杉,华楠.超级符号就是超级创意:席卷中国市场 10 年的华与华战略营销创意方法 [M].天津:天津人民出版社,2013.

的。在产品推广中，信任符号会带给消费者一定的"信任暗示"，让他们在潜意识中给产品打上"专业、实力、品质可靠"等标签。

在讲述故事的过程中，我们可以巧妙地融入信任符号，这对于增强故事的可信度至关重要。这些信任符号包括但不限：知名人士的推荐、具体的数字数据、权威的认证标志、专家的背书，或是荣获的奖项等。故事中包含的信任符号越多，其说服力和赢得的信任感自然越强。

举个例子，网红乳业——"认养一头牛"曾讲过创始人徐晓波创办此品牌的故事。其中有一段是这样写的："2014 年 7 月，在走访了五六个月进行选址后，徐晓波最后斥资 4.6 亿元在河北衡水市故城县建立第一座牧场——康宏牧场。为了得到更好的原料奶，徐晓波还从澳洲引进了 6000 头荷斯坦奶牛，并在康宏牧场配套种植了 6 万亩草场。"

这段文字体现了他为创办一个品牌所做的种种努力，其中"五六个月""4.6 亿""澳洲""荷斯坦奶牛""6 万亩"等词语就是故事中的信任符号，对产品发展起着积极的增值效果。

要点三：情感链接

英国小说家爱德华·摩根·福斯特将故事定义为"事实 + 情感"。他提到过一个极其简单的案例："如果我给你讲故事说'国王去世了，王后继而去世！'，这并不是故事，仅是一个事实。但是，如果我告诉你'国王去世了，王后抑郁而终！'，现在，这就是个故事！"

之所以后者是一个故事，是因为里面包含了情感链接，会引导我们去想象："国王去世后，王后因为爱人的离去，茶饭不思，最后虚弱而亡。或者她精神恍惚，最后自杀了。"仅仅是因为有情绪感染力的四个字——"抑郁而终",就让我们脑补出一系列的情节。所以,是"情感"把事实变成了故事。

同理,给产品写故事,仅有事实、逻辑和数据是不够的,这些因素只能让这件事听起来很合理,却很难赢得受众的认同。一个好的故事,会为产品推广者与购买者筑就一个情感的桥梁,让两者之间产生情感的互助、共鸣,而不只是在维持简单的买卖关系。

在故事中,情感可以作为主人公动机的"催化剂",因为有某种情感的存在,主人公才会有动力去做某件事情。下面截取一段某红糖产品背后的小故事。

和许多女生一样,晓宇的妻子体质偏寒,生理期非常难熬。每次看到面色苍白、浑身发冷的妻子,他都心疼不已。

听说女生喝红糖可以缓解疼痛,晓宇就立马去超市买来泡给妻子喝,本以为会缓解疼痛,没想到毫无作用。

化学专业出身的他,压抑不住内心的好奇心,便和这一小块红糖死磕上了。为了找到最好的原料,光是选择甘蔗的产地,晓宇就花了整整 10 个月的时间。那段日子里,他每天都要品尝不同种类的甘蔗。嚼多了不仅两腮疼,口腔也被刺伤,饭都没办法好好吃。

还好,功夫不负有心人。尝试了无数次之后,他找到了一片理想的种甘蔗土地。

这段文字讲述了创始人出于对家人的"爱"才去做产品。这种情感是每个人都会有的,从容易让消费者从情感共鸣转化为对产品的认同。从某种程度上讲,大众消费的不是一个产品,更是一份情感。

总结来说,在讲述故事时,以下几个关键要素的融合对于提升故事的吸引力和说服力至关重要。

● 感官细节的运用,如同为故事注入了生命,激发了读者的想象力，让他们在心中预演产品的使用体验。这种预演能够唤起读者的感官记忆，加深他们对产品特点的理解和感知。

● 信任符号的加入，为故事提供了坚实的事实基础。无论是权威认证、专家推荐，还是翔实的数据支持，这些元素都增强了故事的真实性，让读者对产品产生信任感。

● 情感链接是故事与读者之间情感共鸣的桥梁。通过故事，我们触及读者的内心，与他们建立情感上的联系，这种联系是最为持久和深刻的。

当在产品故事中融入感官细节、信任符号和情感链接时，这些元素相互交织，不仅能让我们告别"浓浓的推销味"，还能让产品营销这件事变得更加细腻和深入人心。

第 6 章

解锁人工智能文案，
让其成为转化合伙人

6.1 学会提问，让 AI 点燃文案创作的第一把火

随着人工智能技术的快速发展，我们的工作方式正在经历着深刻的变革，越来越多的行业开始利用 AI 技术来提高效率。在这个潮流中，AI 智能写作成为备受瞩目的话题。

AI 智能写作是一种利用机器学习算法和自然语言处理技术，通过分析大量数据和语言模型自动生成文章的技术。特别是基于大型语言模型的生成式人工智能，已经在这一领域占据了重要地位。

相对于传统的写作方式，借助 AI 工具来写作拥有诸多优势。

（1）高效便捷：快速生成高质量的文本内容，大大节省了时间和精力。

（2）开阔思路：拓展我们的思路，通过关键词联想等功能，激发创作灵感。

（3）个性化定制：部分 AI 工具支持个性化定制，可以根据我们的写作习惯和风格进行优化，提高写作效率。

然而，我们也必须认识到，AI 工具并非万能的，它们在处理简单、结构化的任务时表现出色，但在理解复杂情感和创造性思维方面仍存在局限。这并不意味着 AI 写作是无用的。相反，它们可以成为文案创作者的有力辅助，如提供灵感、优化文案结构，甚至在某些情况下，生成初步的文案草稿。

AI 写作的真正潜力体现在其处理大量数据和快速生成内容的能力上。它不是取代人类的创作，而是与人类协作，提高我们的创

作效率，让我们能够将精力投入更高层次的创意工作中。

本章将以"ChatGPT（生成式人工智能）"为例，带领大家一起去探寻如何通过 AI 辅助创作出真正吸引人的爆款文案，一起揭开 AI 写作的神秘面纱。

ChatGPT，全称为"chat generative pre-trained transformer"，即聊天生成式预训练模型。我们可以把它当成聊天机器人，与其自然对话。ChatGPT 像一个博学多才的"神童"，拥有广泛的知识，但在对话中可能需要引导才能发挥最大效用。因此，学会提问是我们与它合作的第一步，因为一个好问题就意味着一个高分的答案。

提示词（prompt）则是我们与 ChatGPT 提问互动的桥梁。提示词并不是复杂的代码，而是使用 ChatGPT 时输入的文本或信息，我们可以把它理解成与 AI 朋友聊天的话术。

高质量的提示词能够有效引导语言模型，激发它产生准确、相关且有价值的响应，从而输出我们所期待的结果。质量不佳的提示词则可能导致 AI 生成毫无意义且不准确的回答，就像是在"一本正经地胡说八道"。

如表 6-1 所示，同样是为一款"降噪耳机"写一段文案，我们来看一下提示词不同，生成的内容会有什么区别。

表 6-1　利用 ChatGPT 输出"降噪耳机"文案

低质量提示词： 请为"降噪耳机"写一段文案	高质量提示词： 请为"降噪耳机"写一段文案。目标用户是 22 ～ 25 岁的年轻人，结合耳机的使用场景，展现产品价值，并将价值条理化展示

ChatGPT:	ChatGPT:
沉浸于清晰音乐，隔绝杂音干扰，让心灵在宁静中翱翔。选择降噪耳机，尽享纯净音乐之美	无论是在地铁上穿梭，还是在咖啡馆里学习，甚至是在户外锻炼，此款耳机都能为你创造一个私密的音乐空间 **主动降噪技术**，将外界噪声隔绝在外，远离了城市的喧嚣和烦扰 **柔软的耳罩**，让你长时间佩戴也感到无比舒适 **精心调校的音质和强劲的低音**，让每一首歌都充满了魅力和动感

两版文案，高低立现。低质量提示词下，输出的内容空洞、抽象；高质量提示词下，输出的内容要具体很多，虽然还存在优化的空间，但也足以把这款"降噪耳机"的价值展现出来。

6.1.1　掌握五个提问技巧，与 AI 对话更高效

学会提问是一门艺术，一门让 AI 输出更好内容的艺术，它甚至创造了一个新兴职业——提示工程师（prompt engineer）。一个好的提示词能够显著提高 AI 输出的相关性和实用性，生成的内容不仅高度符合我们的需求，还能极大地助力我们的工作。相反，一个设计不当的提示词可能导致 AI 提供过于泛泛或模糊的答案，缺乏针对性和实用性。

掌握下面五个提问技巧，我们就能写出一个好的文案。

1. 抽象的问题具体化

正如写文案需要明确具体、避免抽象一样，给到 ChatGPT 的指令也需要明确具体，避免使用模糊或不明确的语言，避免使用可能引起混淆的术语或表达。因为指令越抽象，AI 的理解就越宽泛，就越容易造成歧义或多重解读。

举个例子，相比于宽泛地询问"如何写文案"，更有效的提问是"如何利用用户痛点撰写恐惧型文案"。因此，在与 ChatGPT 互动时，我们应该基于对相关领域的了解，提前准备和梳理出核心词汇或短语。

利用 AI 写营销推广型文案时，使用如"用户视角""痛点""痒点""客户需求""购买欲望""使用场景""转化""细节描写""恐惧诉求"等核心词语，可以帮助 AI 更快地捕捉到问题的核心，从而提供更加精准和有效的回答。

2. 提供重要的细节以及上下文

AI 虽然智商超群，但并非全知全能。为了使 AI 能够更准确地把握我们的需求，我们在给出指令时需要提供丰富的细节和充分的上下文。这样做不仅可以帮助 AI 更深入地理解问题，还能提升其输出内容的精确度和实用性。

假设你是一家健康食品公司的营销经理，希望利用 AI 撰写一篇关于公司新推出的有机果汁系列的营销文案，就需要告诉 AI 这个系列果汁的卖点是什么，目标市场是哪个群体，以及对于文案输出的要求。

基于给出的背景信息，我们可以这样设置初始提示词：

"请为我们的有机果汁系列撰写一篇吸引人的营销文案，强调其天然成分和健康益处。此果汁的目标市场是 25 岁左右的城市年轻人，他们追求健康的生活方式，请展现我们的果汁如何融入他们的日常生活中，并在文案中加入一些流行文化元素。"

通过给出与产品相关的上下文信息，我们可以引导 AI 生成更加精准和吸引人的营销文案，使其更好地符合产品定位和市场需求。

3. 复杂的问题条理化

过于复杂的问题可能会影响 AI 对提问者需求的理解，从而导致回答不够精确。如果我们有一个比较复杂的提问，可以采取分解的策略：将一个大问题拆解为几个更小、更具体的子问题，或者分成几个清晰的步骤。在每个步骤中，明确告知 AI 所需达成的目标，即需要 AI 完成的具体任务，以此引导它更有条理化地安排内容。

假设要为一门"职业生涯规划"的课程撰写一篇公众号长文，我们可以向 AI 提出这样的请求：

请创建一篇关于职业发展的文章大纲，目的是推广"职业生涯规划"的课程。大纲请分为四个部分：

（1）开头阐述职业规划的重要性；

（2）中间部分详细讲述职业规划的常见误区；

（3）顺着引出"职业规划课程"，详细介绍本课程可以解决的问题；

（4）结尾给出具体操作步骤和建议。

以上指令，就是把相对复杂的问题拆解成小问题，更有效地引导 AI 进行条理化处理。同时，小问题描述得越清晰，ChatGPT 给出的文章大纲就越精确。

4. 提供一些模型结构

在文案领域，存在多种经过验证的有效内容结构，它们是提高写作质量和效率的宝贵工具。例如，SCQOR 模型以其环环相扣的故事叙述能力著称，AIDA 模型则在撰写吸引人的产品文案方面有着显著效果。我们可以将这些成熟的模型作为提示词的一部分，引导 AI 生成结构更加严谨、逻辑更加清晰的文案内容。

例如，为某款"烘干机"写推广文案，我们可以在 AI 工具中，下达如下的指令：

我在电商平台卖"烘干机"，请用 AIDA 模型，写一段推广文案，控制在 200 字以内。其中 AIDA 模型的内容如下：

英文单词	中文释义	提问启示
attention	引起注意	文案开篇需要设置"阅读钩子"引人注意
interest	诱发兴趣	从"痛点"切入，引发用户想继续了解的兴趣
desire	刺激欲望	用细节描写、场景刻画、权威背书、顾客证言等方式，让用户产生想要购买产品的欲望
action	促成购买	文案结尾需要打消顾虑，推动用户下单

请帮我有条理地输出文案内容，凸显购买此烘干机的好处，促进客户下单购买。

将这些文案结构模型融入提示词中，不仅能够帮助 AI 更好地理解文案的结构要求，还能够确保生成的内容在吸引读者、传递信息和促进行动方面发挥最大效用。

我们日常可以多积累好的文案结构，进行更加清晰的表达。同时，一边使用结构，一边思考：什么样的结构，AI 更容易理解？这样的结构还可以进一步优化吗？优化的方向是什么？以此，循序渐进地去优化。

5. 利用追问澄清问题

生成式 AI 的重要能力之一，就是记住上下文，并根据指令不断调整回答。如果 AI 的初步回答不够清晰或不完全符合需求，不妨通过"追问"进行微调。

举个例子，如果我们问 AI："请介绍一下写营销型文案的基本原则"，AI 可能给出一些普遍的建议，包括了解目标受众、突出价值主张、引起情感共鸣等。但这还不够，这时我们可以追问："你提到了'突出价值主张'这一原则，能否详细解释一下这一原则的具体操作技巧？"这样的追问能帮助 AI 提供更具体、更有用的信息。

所以，有效地与 AI 交流，不仅需要提出好的问题，更需要有追问的能力。通过追问，AI 能够更准确地理解我们的意图，输出令我们更满意的答案。

综上，向 AI 提问题，就好比作为甲方向广告公司提创意简报（brief），如果创意简报没有把需求和目标表达清楚，广告公司就很难有效地执行该项目。即使在半知半解中硬着头皮做完了，最终也会发现产出的方案压根就不是甲方真正想要的。所以，作为"甲方"的我们，掌握并应用以上的提问技巧，方能更轻松地从 AI 那里得到需要的答案。

6.1.2　一个万能结构化公式，提高 AI 生产力

什么样的指令算表意清晰，能获得比较好的写作效果呢？答案是拥有结构化良好的提示词。结构背后的框架为思考提供了高效路径，可以帮助我们更好地组织思维。借助这样的框架，我们能向 AI 提出更清晰的问题，大大提高 AI 的写作生产力。

下面介绍一个万能结构化公式：**任务指令 = 定义角色 + 背景信息 + 任务目标 + 输出要求**。接下来，我们逐一讲述公式中每个要素的含义。

1. 定义角色

定义 AI 角色可以提高沟通效率和精准度。目前，人工智能能够扮演上百种行业专家的角色，包括医生、律师、咨询顾问、新媒体经理，等等。不同的角色对 AI 的回答有着显著的影响。一个技术专家可能会使用更专业的术语，一个教师则可能更注重解释和教育。

比如，当我们需要写一篇产品推广文案时，可以指定 AI 扮演

一个"感官描述文案高手"的角色，并赋予它特定角色的相关技能或者细节信息，这样 AI 就会根据这个角色的特点调整其回应的风格和内容。指令可以如下：

请你扮演一位感官描述文案高手，有如下擅长的技能。

（1）精湛的观察力：你善于深入观察产品的每一个细节，从微小的线条到华丽的设计，捕捉并诠释那些可能激发消费者感官体验的元素。

（2）生动的描述能力：你能够透过形象化的语言，为产品创作视觉、嗅觉、听觉、味觉和触觉上的丰富描绘，让读者仿佛置身其中。

（3）情感共鸣：你擅长通过文案与消费者的情感和感官体验建立联系，创造出与产品深层次情感链接的效果，使消费者产生共鸣。

（4）精准的词汇选择：你善于选择准确的词语，不仅能描述产品的特性，还能够激发读者的感官想象，使其产生强烈的视觉和情感体验。

除此之外，我们还可以使用一些固定的格式和模板来描述角色，比如，擅长……领域、精通……方向、热爱……工作、拥有……的能力、有丰富的……经验、提供……的帮助、满足……需求、提出……意见、致力于……领域、职责是……方面，等等。

通过这些方法，我们可以让 AI 更好地理解角色的特点，模拟这个角色的思维方式和表达风格，提供更符合角色特性的回答。

2. 背景信息

ChatGPT 的生成效果与我们提供的数据直接相关，要想让它为我们工作，就要学会"喂养"它，为其提供足够的背景信息。在写文案时，我们可围绕产品和用户等信息来"喂养"AI，这样它输出的结果会更加精准和惊艳。

举例来说，我们要用 ChatGPT 为某品牌的按摩椅写文案，那么需要提供给它以下相关数据。

目标人群：25～55岁的职场人士。

用户痛点：针对这个年龄段的人群，他们通常因为长时间超负荷工作以及生活不规律而面临着健康问题。常见痛点包括颈部、肩部、腰部、背部等的疼痛和不适，以及精神疲惫、精力不足等问题。

产品功能：多种按摩手法、空气压力按摩、具备加热功能、智能感应技术、音乐播放和蓝牙连接。

通过提供这些全面的信息，ChatGPT可以更深入地理解需求，创作出更加精准和有针对性的文案。这也有助于提高我们与ChatGPT的沟通效率，减少不必要的修改和调整。

3. 任务目标

任务目标，即要写什么样的文案。针对任务目标，我们可以向ChatGPT传授"文案方法论"。对于本书前面章节中讲述的文案技巧，我们都可以将其逐一输送给AI，让它根据相应的文案技巧进行创作。

例如，本书的第一章提到"三大刺针，穿透消费者的'痛点'"，刺针之一是向消费者兜售恐惧，从负面去刺激消费者，让他意识到"痛点"的存在，进而对产品产生购买需求。我们可以将写恐惧型文案所需要的技巧，投喂给AI，让它利用人们的恐惧心理来写文案。

如需给一款除螨机写一段电商文案，我们可以给ChatGPT输入如下的指令。

我要给一款除螨机写一段电商文案，需要利用人们的"恐惧诉求"来刺激他们的购买动机。

恐惧诉求是一种营销策略，通过强调如果不采取某种行动或购买某种产品可能导致的负面后果，来激发消费者的购买欲望。如何精妙地书写恐惧文案呢?这里介绍一个原则:说出"可怕的真相",展现"严重的后果"。

我们可以通过创建一个或者多个生动的、与受众日常生活紧密相关的痛苦场景来展现"可怕的真相",并指出如果不解决这个问题,可能会导致严重的后果。这样可以更好地引起消费者的共鸣,让读者感觉到他们的担忧和恐惧被理解和关注,激发他们采取行动的动机。

给 AI 投喂完文案技巧后,我们可以向 AI 指定完成任务所需的步骤:**根据(文案技巧)+完成……动作+实现目标(写出文案)**。指令可如下:

接下来,请根据除螨机用户的"恐惧诉求",在文案中通过创**建场景,说出"可怕的真相",展现"严重的后果"**,写出能刺激用户购买的电商文案。

最终,ChatGPT 输出的文案如图 6-1 所示。

> ⑤ **ChatGPT**
>
> 标题:解放你的床单!告别螨虫,拥抱清新睡眠!
>
> 正文:
>
> 你是否每晚在床上翻滚难眠,却不知道原因?恐怕,你并不察觉,但与你同眠的小小"害虫"正在悄悄侵袭你的床单。是的,床螨,这些微小但致命的生物,正潜伏在你的床单之下,它们不仅是你睡眠的克星,更是你健康的潜在威胁。
>
> 想象一下,当你在夜晚倒头就睡时,你的床单成了这些可怕生物的温床,它们在你毫无防备的情况下,肆意繁衍。而你在无意识中吸入它们的排泄物和尸体,引发的过敏反应不仅会扰乱你的睡眠,更可能引发哮喘、皮肤疾病等一系列健康问题。
>
> 然而,还好有解决方案!我们的除螨机将为你彻底清除床单上的螨虫,它采用先进的技术,能够深入杀灭床螨及其卵,让你的床单重新焕发清新。不再有睡眠障碍,不再有健康威胁,你值得拥有一个舒适、健康的睡眠环境!
>
> 别让螨虫毁了你的健康,立即行动吧!点击购买,迎接清新的睡眠体验!

图 6-1 ChatGPT 输出的除螨机文案

AI 输出的这段文案很好地展现了没有除螨机的帮助所存在的可怕真相,强调了它对健康的严重后果。场景的细节描述能让人感同身受,刺激了人们的"恐惧心理"。

4. 输出要求

输出要求，是指期望 AI 的输出达到某一种效果的时候，约束 AI 以什么方式完成这个任务。它包括且不限于如下要求。

格式要求：输出表格还是纯文字？

风格要求：符合严谨商务风还是轻松俏皮风？书面化还是口语化？

字数要求：尽量使用量化的词语，指定所需的输出长度。比起"不要太长"，明确给出"控制在 300 字以内"更容易让 AI 理解。

回答节奏：是一步一步分开，还是整体给出答复？

内容要求：写开头时，是要悬念型开头还是开门见山？写正文时，是要包含 3 个要点还是 6 个要点？……

例如，可以对 ChatGPT 提出如下的输出要求。

为我写一篇主题为"普通人如何利用短视频带货"的短视频文稿，200 ～ 300 字，使用口语化且精简的表达风格。

（1）确保语言表达既准确又精练，避免使用不必要的修饰词和冗余表达。

（2）每个句子应明确其主题和观点，使用词义准确的词语，避免模棱两可的表达。

（3）确保文章结构清晰，逻辑性强。

明确以上要求，能够帮助 AI 准确地理解任务，它进而会给出一个还不错的答案。

接下来，我们将每个要素连起来，按照**"任务指令 = 定义角色 + 背景信息 + 任务目标 + 输出要求"**的整体指令公式，为某个英语培训机构写文案以招募学员，提示词展示如下。

定义角色

你是一位"文案卖货"的高手，有如下能力。

洞察能力：了解客户的心理，包括他们的需求、痛点、欲望和购买决策过程，从而能够编写有针对性的文案，引发客户共鸣并促成购买。

卖点打造能力：能用消费者喜欢的语言，把产品"卖点"转化为"买点"，并通过具象描述、场景植入、对比呈现等方式，让产品价值脱颖而出。

优秀的写作技能：能够撰写吸引人、引人入胜的文案，包括标题、描述、广告语等。

背景信息

现在要给某个英语培训机构招募学员，课程信息如下。

课程受众：3～6岁幼儿园孩子。

产品卖点：100%外教一对一，平均3年以上教育经验／海量课内外英语学习资源／听说读写全方位训练。

解决痛点：1. 释放父母对于孩子英语教育的压力。

　　　　　2. 解决孩子发音不标准的问题。

任务目标

在文案领域，营销海报是一个非常重要的推广媒介。海报上的内容包含7个要素。

要素一：主标题，即需要一句话表述"产品能做什么"，要么解决用户痛点，要么满足用户需求。

要素二：副标题，它是对主标题的丰富和阐述，适合站在用户收益的视角，写出产品的卖点。

要素三：产品／人物图片。

要素四：信用背书，包括行业认证、权威机构、关键意见领袖推荐、真人推荐、销售数据等。这些内容的展示能提升产品的可信度。

要素五：产品构成/亮点罗列。

要素六：促销信息/福利，突出其稀缺性、紧迫性。

要素七：购买引导，召唤用户马上行动，比如"立即扫码，先到先得"。

接下来，请根据营销海报的七个要素，在文案中通过展现"英语启蒙课程"对孩子教育的价值，写出能刺激用户购买的营销海报文案。

输出要求

字数控制在 300 字以内。

按照七个要素，条理化输出海报内容。

增加幽默元素，增强阅读趣味性。

经过 ChatGPT 处理之后，我们来看看它针对这个任务输出的内容，如下。

海报标题：

主标题：解放父母，让孩子轻松学英语！

副标题：100% 外教一对一，点燃孩子英语潜能！

产品/人物图片：

（插图：一位活泼可爱的幼儿与外教老师互动的场景。）

信用背书：

- 行业认证：权威机构认可，品质有保障。

- 关键意见领袖推荐：明星家长强力推荐，口碑爆棚！

** 产品构成 / 亮点罗列：**

- 专业外教一对一，定制个性化学习计划。

- 多样化教学方法，激发孩子学习兴趣。

- 系统英语训练，从小培养良好的语感和口语表达能力。

** 促销信息 / 福利：**

- 限时优惠！首次购买立减 500 元！

- 免费额外赠送绘本一套，助力孩子阅读提升！

** 购买引导：**

赶快扫码预约，孩子从现在开始，就是英语小达人！

（插图：二维码以及一个孩子得意扬扬地站着，手举英文字母。）

通过以上的输出操作，我们发现利用 AI 写文案，虽然能把文案写得很有条理，也较为完整，但是"机器味"较重，没有人的真情实感与原创性。因此，每一次用 AI 输出内容之后，我们还要在此基础上去润色，加上"人味"，以此凸显个人的风格与特色。

6.2 示例投喂，让 AI 变身多平台文案达人

文案的类型有很多，包括产品详情页文案、小红书文案、朋友圈文案、社群文案等。发布文案的平台不同，写作风格自然各不相同。

举例来说，小红书平台的文案更加注重体验分享，偏向于产品种草；短视频平台的带货文案更加短小精悍，寥寥数语之间就能生

动地展示出产品的卖点；朋友圈的卖货文案更加贴近生活，以引发朋友们共鸣，促进点赞和互动。

各平台间内容的差异性，要求我们训练出适应不同平台需求的AI，以生成更贴合平台特点和用户喜好的文案。

"示例投喂"是一个亲测有效的训练方式。例如，可以向ChatGPT 提供一些在小红书或朋友圈中广受欢迎的文案样本，包括经过市场验证的标题和文案范例，让 ChatGPT 参考并生成类似风格的文案。这样一来，AI 就能更好地理解我们的需求，提高生成文案的准确度和质量。

6.2.1　变身小红书种草博主，30 秒生成爆款笔记

小红书是这几年的公域流量新贵，被人们用于分享购物、旅行、美妆、美食等各种生活经验和心得。越来越多的产品开始在小红书中被种草，而一个好的文案能帮产品迅速破圈，获得更多咨询与订单。

在小红书上，什么样的文案更受欢迎呢？"用户笔记"的形式是首选，分享真实的经历、真实的感受、真实的体验，更能打动读者，收获信任。

纵观很多优秀的种草笔记，它们从"标题"到"正文"都蕴含了很多写作技巧。

一、小红书标题

（1）标题限定在 20 个字符以内，包括标点符号。

（2）标题要包含关键词，比如要推广眼部美容仪、眼霜、眼膜等和眼睛有关的产品，标题里就要多出现"眼部"这个关键词。做好标题的关键词植入，才可以提高小红书笔记排名，提升小红书账

号权重。

（3）可借鉴表 6-2 中爆款笔记的标题类型，激发读者的好奇心和欲望。

表 6-2　爆款笔记的标题类型及示例

标题类型	标题示例
提出问题型	大圆脸画日系妆，怎么画才好看？
日常种草型	给大家种草一个眼霜，贵真的有贵的道理
数字盘点型	5 款市面主流的护肤仪深度评测！错过你就亏大了
直戳痛点型	选错洗面奶，竟然会烂脸？选的时候要避开的 3 个误区
效果收益型	这款十全大补面膜，一个月把肌肤变成 Q 弹果冻肌

二、小红书正文

（1）正文每隔两三段就要出现一次关键词，才能更好地被系统检索到，以达到引流获客的目的。

（2）正文要多分段，增加可读性，且适当地使用表情符号，让文本轻松易读。

（3）撰写正文时，采用第一人称"我"的身份来写笔记，将自己置身用户的角度，分享个人的真实体验，而不是以商家的身份进行推广。具体的写作逻辑为：**我面临的问题 + 我找到的解决方案 + 我的改变 + 我总结的心得**。

● 我面临的问题

笔记开头，以"第一人称"的口吻说出作为用户的"我"，在特定场景面临的烦恼和痛点。

● 我找到的解决方案

前面描绘了用户痛点，已经调动起读者的兴趣，这时可以引出

"解决方案（产品）"，并重点突出产品卖点。例如：此款产品是如何解决痛点的？对比同类产品，它有哪些优势？

● 我的改变

分步骤写出产品使用方法和使用后的效果，描绘出身体感官在使用产品时的感受细节，以及这种感受带来的变化，而不是笼统地说这款产品怎么好。

● 我总结的心得

笔记结尾，写下产品的体验总结，以及自己对产品的评价。同时，说明此款产品适合什么样的人群，以筛选精准用户。

接下来，我们进入实际的 AI 写作场景，利用 ChatGPT 生成一篇种草"去黄涂抹面霜"的小红书文案。

具体思路为：**赋予 AI 身份及技能 + 小红书示例投喂 + 提出任务要求**。

首先，给 ChatGPT 赋予一个身份及对应的技能，指令如下。

你是一名专业的小红书爆款文案专家，有如下的技能。

（1）你善于使用惊叹号、省略号等标点符号增强表达力。

（2）你善于使用表情符号，来增加标题和正文的活力。

（3）你擅长写口语化的分享笔记与读者拉近距离。

（4）你了解小红书平台的标题特性，字数控制在 20 字以内，需要包含与产品相关的"关键词"。

（5）你知道小红书分享笔记的正文需要多分段，且要多次出现与产品相关的"关键词"。

其次，为了让 ChatGPT 更加精准地理解小红书种草文案的风格，我们以"示例"的形式，给 ChatGPT 投喂小红书平台的"文案方法论"，指令如下。

小红书种草笔记多以"我"的口吻来写亲身经历，具体的写作逻辑为：我面临的问题＋我找到的解决方案＋我的改变＋我总结的心得。下面是小红书平台爆款笔记示例，我们可借鉴。

标题：效果收益型

> 例：脸真的好紧！用了一个月真实反馈！全大实话！！

我面临的问题：痛点引入＋情境描述。

> 例：我今年 25 岁，常年熬夜加上爱侧睡，右脸的法令纹很深。我还经常低头玩手机，皮肤比较松弛，然后颈纹也很明显。

我找到的解决方案：写产品是怎样解决痛点的，以及对比同类产品，有哪些优势，重点突出产品优势。

> 例：前段时间，一直刷到这个射频美容仪，果断冲了一台，用到现在一个月的样子。
>
> 我第一次用的是紧致提拉模式，用的 2 档，不夸张哦！用完半边脸的时候，觉得脸都"歪"了，看起来明显小了一圈。就像是有一个网，把我脸往上拉住，脸有明显发紧的感觉，浮肿什么的全下去了，真的绝了！
>
> 关于这个射频仪，我买之前也做了蛮多功课的，它是六级射频，可以把能量作用到真皮层刺激胶原，还集合了微电流、红光和红外光，抗老这块算是把路都走全了。

我的改变：分步骤写出产品使用方法和使用后的效果，用"感官描述法"突出产品使用细节。

> 接着说说我的私人使用方法：早上用到紧致提拉模式，一开始我是用 2 档，现在已经用到 4 档。因为有微电流，会有麻麻的感觉，新手从 1 档开始就行了。

沿着下颌线往上滑动5次，再从嘴角处开始往太阳穴方向上滑动5次，鼻翼旁往苹果肌再到太阳穴方向滑动5次，眼下往太阳穴方向滑动5次，额头是从眉毛上方往上滑动5次，每周使用2～3天。

晚上用淡纹修护模式（我是直接用4档的），手法和紧致提拉模式一样，重点是局部有纹路的地方一定要再单独打圈5次。用起来真的简单又方便，每次十分钟左右，我们要做的就是坚持。

我总结的心得：产品的体验总结，突出产品对其他用户的价值。

年龄25+、经常熬夜、脸垮有纹、皮肤开始松弛的我，真的很建议你们去试试！

最后，给到“任务要求”，指令如下。

请你按照小红书的写作逻辑及风格要求，给“去黄涂抹面霜”写一篇小红书种草笔记，500字之内。

下面，我们来看看ChatGPT的杰作，如图6-2所示。

ChatGPT

⭐⭐⭐《瞬间变美！我发现的去黄面霜，真的惊艳到我了！》⭐⭐⭐

我是一个经常熬夜的上班族，脸色一直黄黄的，皮肤状态很差，特别是近期压力增加，更是雪上加霜，试了各种产品都没有明显效果，直到我遇到了这款神奇的去黄面霜。💗

✨只需要将它轻轻涂抹在脸上，稍作按摩，效果真的让我惊艳到了！✨

我第一次使用后，就感觉到皮肤变得明亮起来，那种从内而外的光泽感，简直让我不敢相信这是我自己的脸！随着持续使用，我发现黄脸问题逐渐减轻，肤色变得均匀，真的是太令人开心了！😊

关于它的成分，我也做了一些功课。它含有多种天然植物提取物，不含有害化学成分，使用起来非常放心。而且，它的质地清爽不油腻，不会给我的油性皮肤增加负担，这点我特别喜欢！💧

总的来说，这款去黄面霜真的是改变了我的肤质。对于和我一样有黄脸困扰的小伙伴们，真的非常推荐你们试试这款产品！它不仅简单易用，更重要的是效果真的很赞！✨✨✨

图6-2　ChatGPT输出的小红书种草笔记

用ChatGPT创作的小红书种草笔记可能并非完美，但最关键的是它能帮我们把原来不及格的小红书笔记，快速提到合格的水平，并以“效率”为杠杆，让“批量”生产不成问题。

6.2.2 10 秒生成短视频带货文案，谁用谁轻松

我们撰写的短视频带货脚本应简洁有力，保持 150 ～ 300 字。脚本应聚焦商品的核心卖点，凸显产品的独特性和显著优势。此外，精心设计的视觉和音频元素，可以增强文案的吸引力，有效提升观众的购买意愿和转化率。

以一款"夏凉被"的脚本文案为例，内容如下。

这个夏凉被，你们买回家一定会回购第二床。我前后入了 6 床，真的太舒服了！它是冰感面料的，号称"贴身小空调"，谁用谁知道，而且两面都好看。最重要的是，它可以整条机洗，而且怎么洗都不会变形。天热了家里有条件的，记得给父母也来一床！

我们将以上的例子投喂给 ChatGPT，请它照着给某款"驱蚊液"写一段短视频带货文案。

首先，给 AI 赋予角色与技能，指令如下。

你是一个非常厉害的短视频带货博主，接下来请您担任我短视频脚本制作的顾问。我会跟您分享一个脚本范例，请您认真学习并总结其中的文案技巧。

接着，将上文中的"夏凉被"案例投喂给 AI，ChatGPT 学习后，总结了如下文案技巧。

这个脚本范例运用了几种文案技巧，让我来总结一下。

1. 引入个人经历：作者使用个人经历来强调产品的优点。他 / 她提到已经入了 6 床，传递了对产品的极高认可，增加了说服力和可信度。

2. 引用产品特点：作者提到夏凉被是冰感面料，被称为"贴身小空调"，强调了产品的降温效果。同时指出了产品的双面设计和机洗特性，突出了产品的多功能性和易于清洗的优点。

> 3. 提及用户体验：作者建议给父母也来一床，暗示产品的受众广泛，并强调了产品对于提升生活质量的积极作用。
>
> 4. 使用口语化语言：脚本采用口语化的表达方式，更贴近受众的日常语言习惯，增强了亲和力和共鸣感。

接下来，请 AI 根据总结出来的技巧，进行脚本写作，指令如下。

根据你总结出来的技巧为"某款驱蚊液"创作相应的短视频带货脚本。如果您理解我的意思，请回复："好的，我理解了。"

ChatGPT 的回复如下：

好的，我理解了。以下是针对"某款驱蚊液"的短视频带货脚本。

镜头：开场画面为一个家庭在户外享受夏日时光，但被蚊子骚扰，不停挥舞着手臂和摇晃着头部。

配音：夏日户外，蚊虫成了我们的"亲密伙伴"？

镜头：接着画面切换，展示"某款驱蚊液"的特写，突出产品的外观特点。

配音：但别担心！现在有了解决方案，让我向你介绍一款终结蚊虫困扰的神奇武器！

镜头：展示家庭成员使用"某款驱蚊液"的场景，将它喷洒在皮肤上，立即享受到周围清凉宁静的夏日氛围。

配音：这款驱蚊液不仅能有效驱赶蚊虫，而且还带有清凉感，仿佛给你带来了一股清风。

镜头：接着展示家庭成员在户外放松的场景，没有了蚊虫的骚扰，大家都能尽情享受户外时光。

配音：再也不用为蚊虫而烦恼了！快来试试这款"××驱蚊液"，让夏日更加清爽舒适！

镜头：画面最后出现产品名称和购买信息，以及产品标语——
"享受清凉夏日，远离蚊虫骚扰！"

配音：赶紧行动吧，让"某款驱蚊液"成为你夏日户外活动的
必备利器！

最后，将文案脚本配合剪辑好的视频发布到短视频平台，关注
用户的反馈和互动情况。根据用户的意见和建议，我们可以不断优
化文案内容和风格，以提高短视频账号的影响力和关注度。

6.2.3 借助 AI，批量生成朋友圈一周文案

朋友圈是私域营销的重要阵地，对于很多人来讲，想在朋友圈
经营一门自己的小生意。无论是自制的烘焙美食、手工设计的珠宝
首饰，还是直接从原产地采购的新鲜水果，朋友圈都能成为展示和
销售这些商品的舞台。

带着这个目的，如何借助 AI 的力量打造自己的朋友圈呢？其
实，只要跟 AI 说明自己的"人设"，下达清晰的指令，它就可以
帮助我们批量生成朋友圈内容，不用每次为发圈而烦恼！

具体思路为：**立人设 + 投喂规划及示例 + 让 AI 出规划与内容**。

想象一下，你是一位全职妈妈，在家中照顾孩子的同时，也通
过朋友圈经营着自己的小生意，销售各种生活用品。如果你想利用
AI 撰写朋友圈的营销文案，那么首先，你需要向 AI 明确介绍个人
形象和业务特点。指令如下。

我是一位全职宝妈，业余时间在朋友圈卖一些"某品牌生活用
品"，请帮助我完成一周朋友圈的规划，需要充分展现爱分享好物、
精致生活的宝妈人设。同时，能帮助我更好地在朋友圈销售产品，
比如牙膏、洗面奶、清洁剂等生活日用品。

接下来，给 AI 投喂朋友圈规划及示例，指令如下。

我会把朋友圈规划技巧及示例提供给你，请你学习以下关于朋友圈的知识，完成后回复"完成"即可。

朋友圈可围绕"生活圈、技能圈、产品圈"三个圈来打造，我们可以在生活圈、技能圈秀人，在产品圈卖货。

朋友圈的内容应该是80%的生活+20%的售卖，这样朋友圈才会更加鲜活，更加有温度，进而吸引更多的人关注。

1. 生活圈

生活圈可以围绕三大主题，即生活体验、亲情友情、成长感悟来发内容。

2. 技能圈

无论是在朋友圈推广产品还是贩卖技能，都要力显专业。我们需要把自己定位成某个产品领域的"技能行家"，懂产品，懂它的工艺、使用场景，能鉴别它的真假……

3. 产品圈

产品圈需要说出产品特点，描述产品体验，让用户感知到这个产品对自己的"好处"。

每天可发5条朋友圈文案，在"发圈时间"方面，有如下安排，

早上7～9点，发1条生活圈的内容，可以发：看某本书、某部电影的感悟，经历某件事情的感悟，或名人金句。

上午11～12点，发1条技能圈的内容，每天照例在朋友圈分享护肤的知识。

下午3～4点，发1条产品圈的内容，要么把产品植入生活场景中，描述产品体验；要么晒一些客户反馈截图、客户好评、权威背书等。

晚上6～7点，发1条生活圈内容，展现真实的生活状态，比如参加活动、健身运动、陪伴父母、育儿亲子、朋友聚会……

晚上 9～10 点，发 1 条产品圈内容，比如顾客好评截图、转账截图、打包发货的一摞摞快递单等。

以上学习完成后，请为我完成一周朋友圈规划与内容文案。我希望文案清晰简洁、吸引人。

因为篇幅不宜过长，所以本书只展示 ChatGPT 输出的部分结果，如图 6-3 所示。

ChatGPT

好的，以下是一周朋友圈规划与内容文案。

周一

早上7～9点：生活圈

早安！一杯清晨的绿茶，一本轻松的书，让我开始新的一天。今天要分享给大家《幸福的味道》，书中的感悟让我更珍惜每一个温馨的瞬间。快来和我一起分享你最爱的早晨时光吧！

上午11～12点：技能圈

技能分享：今天和大家聊一聊日常护肤小窍门！要拥有一张水嫩肌肤，正确的洗面方式很重要哦。不同肤质需要不同的洁面产品，适合自己的才是最好的。有什么护肤问题可以随时来问我哦！

下午3～4点：产品圈

产品推荐：这款柠檬清新牙膏简直是我的救星！清爽的味道，有效的清洁，让每一次刷牙都变得愉悦。还等什么？快来体验清新呼吸的感觉吧！【产品图片】

晚上6～7点：生活圈

晚上的时光最适合与家人共度，今天我们一家人一起准备了一顿丰盛的晚餐。感恩有你们的陪伴，让生活充满了温暖和幸福。快来分享你今天的幸福时刻吧！

晚上9～10点：产品圈

顾客好评：感谢亲们的支持与信任！收到了好多宝贝的好评，看到你们的满意是我最大的动力。一起加油，追求更美好的生活吧！【客户好评截图】

图 6-3　ChatGPT 输出的朋友圈文案

由此可见，借用 AI 的力量，它在 30 秒就可以生成朋友圈一周的内容，轻松又简单。

6.3 角色共创，打造 AI 文案“智囊团”

你是否经历过这样的窘境：沉思半小时，却连一个字也写不出？内心澎湃，却找不到合适的文字来表达？思维如泉涌，灵感如火花，却难以捕捉并转化为文字？

如今，有了 AI 的加持，我们可以借助它的力量，打破上面的窘境。只需对 AI 多加引导，它就能与我们一起"头脑风暴"，提供大量有价值的点子和创意。其中，使用角色扮演式提问，能进一步增强这种交流的效果。

角色扮演式提问，就是让 AI 变成专家。当赋予 AI 特定专家身份时，AI 也会匹配更符合该身份的数据库信息，调用的信息越精准，越会增强回复的质量。

利用 AI 来写营销文案，我们可以将它化身为营销技能高超的销售大牛，帮助我们洞察市场中用户关注的焦点；我们可以引导它模拟产品的目标受众，让它像潜在客户一样思考，为我们提供用户视角的见解；还可以让它扮演有创意构思的"广告人"，能轻松结合产品特点，创作出角度独特的文案。

甚至，我们还可以把它想象成历史人物、著名作家，或者是一个虚构的人物。这种多样化的角色赋予，能够帮助我们获得以前可能没有考虑过的新见解和新观点，写出更有吸引力的文案。

我们在 ChatGPT 中建立多个聊天窗口，每个窗口都起一个人格化的名字，比如销售大牛 Alex、目标客户 Lily、广告创意人翠花……每个窗口的 AI 会读取和参考对话的上下文信息，从而生成更精准的内容。通过这个方式，我们利用 AI 就建设了一个营销力极强的文案"智囊团"。

6.3.1　让 AI 成为"销售大牛"，用销售逻辑写文案

让"销售大牛"来写文案通常会产生令人信服的效果。他们深谙客户需求，并能够以最有效的方式传达产品或服务的价值，从而实现更出色的销售业绩。我们可以让 AI 化身"销售大牛"，他们的专业知识和经验将为文案撰写提供有力的支持。

具体思路：**赋予 AI 身份与技能 + 多种任务指令 + 评估优化。**

一、赋予 AI "销售大牛"的身份与技能

告诉 AI 我们希望它扮演"销售大牛"的角色，并说明所需要具备的技能。指令如下。

你是一名有十年经验的"销售大牛"，具备如下销售技能。

（1）了解买卖的逻辑及市场的趋势。

（2）对目标客户的需求、痛点和偏好有着深入的了解。

（3）擅长识别产品或服务的独特价值，并能够以简洁明了的方式传达给客户，让客户迅速理解并产生购买决策。

（4）善于和客户建立信任关系，并展示诚实、专业和可靠的态度。

（5）善于应对客户提出的疑虑或反对意见，并提供合适的解决方案或证据来消除疑虑。

（6）懂得如何在推销过程中创造紧迫感，促使客户作出购买决定。

总之，你能轻松地把货卖出去，取得很高的业绩。如果你明白了自己的角色，请回答"知道"。

二、下达多种任务指令

接下来，我们可以给 AI 下达明确的任务指令，让它从"销售大牛"的角度为文案的撰写提供支持。

（1）分析消费者需求和喜好

给到 ChatGPT 的指令如下。

我需要撰写一款保温杯的电商销售文案，目标受众是办公室白领，请帮助我从"痛点"和"痒点"两个角度分析他们的需求和喜好。

ChatGPT 对目标受众的痛点与痒点分析，分别如图 6-4、图 6-5 所示。

ChatGPT

针对办公室白领这一目标受众，我们可以从"痛点"和"痒点"两个角度来分析他们的需求和喜好。

痛点分析：

1. **需求保温**：办公室白领通常会有一整天都在使用的办公时间，需要保持饮品的温度。他们可能因为工作繁忙而无法经常去重新加热或冲泡饮品，因此需要一个能够长时间保温的保温杯来确保饮品在需要时仍然保持热度或凉爽。

2. **方便携带**：白领在上下班途中、参加会议或外出工作时需要一个方便携带的保温杯，这样他们可以随时随地享受自己的饮品，而不必担心泼洒或温度变化。

3. **健康饮品**：越来越多的白领关注健康生活方式，他们可能更倾向于自己携带健康饮品，如水果茶、热水或果汁，而不是购买外部饮料。因此，他们需要一个保温杯来容纳这些自制的健康饮品。

图 6-4　ChatGPT 对目标受众的痛点分析

痒点分析：

1. **个性化设计**：办公室白领通常对于个性化设计比较感兴趣，他们可能会喜欢带有时尚、简约或个性化元素的保温杯，以展示自己的品味和风格。

2. **多功能性**：除了保温功能外，白领可能会对具有其他附加功能的保温杯感兴趣，比如内置茶过滤器、便携式搅拌器或手机充电功能等，这些功能能够提升他们的使用体验。

3. **品质保证**：办公室白领通常更注重产品的品质和性能，他们可能更倾向于购买知名品牌或拥有良好口碑的保温杯，以确保产品的使用寿命长、保温效果好，并且不会使饮品的味道产生异味或影响健康。

综上所述，撰写保温杯的电商销售文案时，可以从解决办公室白领的保温需求、方便携带的需求，以及个性化设计、多功能性和品质保证等痒点入手，突出产品的特点和优势，吸引目标受众的注意力，促使他们产生购买意愿。

图 6-5　ChatGPT 对目标受众的痒点分析

（2）将产品特点翻译成消费者能感知到的好处

给到 ChatGPT 的指令如下。

请结合办公室白领的需求与喜好，把下面的产品特点转化为消费者可以感知到的好处。

此款保温杯的特点：其内胆、杯盖和杯口均采用 316 不锈钢材质；容器壳采用聚酯树脂材质；密封圈采用 BPA Free 环保材料；保温杯内部设有真空层。一般来说，在常温下放入热水，可以保持 6 ～ 12 个小时。

ChatGPT 给出的回复，如图 6-6 所示。

⑨ **ChatGPT**

针对办公室白领的需求与喜好，将上述产品特点转化为消费者可以感知到的好处：

1. **长时间保温**：您无须担心工作繁忙时无法享用热水或热茶，我们的保温杯内部设有真空层，让您能够在常温下放入热水，保持温度长达6～12个小时，确保您随时随地都能享受温暖的饮品。

2. **优质材料保障健康**：我们采用316不锈钢材质制作内胆、杯盖和杯口，这种优质材料保证了您的饮品不会受到金属味的影响，同时保障了您的健康；密封圈采用BPA Free环保材料，放心使用，为您的健康护航。

3. **耐用轻便**：容器壳采用聚酯树脂材质，结合精湛工艺，保证了保温杯的轻巧便携，耐用度高，满足办公室白领的日常使用需求。

4. **时尚设计展现个性**：不仅功能优越，我们的保温杯还具有简约时尚的外观设计，让您在办公室间流露出独特的品位和风格，彰显专业与个性并重的形象。

通过将产品特点转化为消费者可以感知到的好处，我们可更直观地展示产品的价值和优势，吸引办公室白领的注意力，并促使他们产生购买欲望。

图 6-6　ChatGPT 对产品特点的转换

（3）客户异议处理

给到 ChatGPT 的指令如下。

客户购买保温杯时，通常有哪些顾虑和异议，我该如何有效地打消他们的顾虑，解决这些异议？

ChatGPT 给出的回复，如图 6-7 所示。

⑨ **ChatGPT**

客户购买保温杯时可能会有一些顾虑和异议，以下是一些常见的问题以及如何有效地解决它们。

1. **保温效果是否可靠？**
   • 解决方案：提供实际的保温时间测试结果或客户评价，证明保温杯的性能可靠。也可以介绍保温杯内部真空层的技术原理，以加强客户对保温效果的信心。

2. **材质安全性是否有保障？**
   • 解决方案：详细介绍保温杯采用的材质，并强调其符合食品级标准，特别提及使用的不锈钢、BPA Free环保材料等。提供相应的认证或检测报告，以确保客户的安全和健康。

3. **漏水或渗漏问题？**
   • 解决方案：强调保温杯的密封性能，说明采用的密封圈设计以及特殊的制造工艺，使得保温杯具有优异的防漏性能。也可以提供客户评价或使用经验，展示保温杯的可靠性。

4. **外观设计是否满足需求？**
   • 解决方案：介绍保温杯的外观设计特点，强调其时尚、简约或个性化的风格，以吸引客户的注意力。提供多种颜色或款式选择，满足不同客户的个性化需求。

5. **保温杯的价格是否合理？**
   • 解决方案：与客户分享保温杯的长期投资价值，强调其耐用性和多功能性。也可以提供竞争对比，展示相同价位下的保温杯优势，让客户认识到产品性价比的优势。

图 6-7　ChatGPT 对客户异议的处理

6. **售后服务是否完善?**
- 解决方案: 说明售后服务政策, 如退换货政策、售后咨询服务等, 让客户放心购买。提供客户服务热线或在线客服渠道, 确保客户在购买后有任何问题都可以得到及时解决。

针对客户可能的顾虑和异议提供详细的解决方案, 并提供实际的证据或客户评价来支持, 可以有效地打消客户的顾虑, 增加购买的信心和动力。

图 6-7 (续)

（4）对比竞品

给到 ChatGPT 的指令如下。

请指出产品的优势与劣势, 以及与竞品对比的差异, 请用表格呈现。

ChatGPT 呈现的表格, 如图 6-8 所示。

ChatGPT
以下使用表格呈现该产品的优势、劣势以及与竞品对比的差异:

特点	产品优势	产品劣势	与竞品对比差异
材质	采用316不锈钢内胆和BPA Free环保材料密封圈	价格较高	产品材质更安全可靠, 与竞品相比更具优势
保温效果	内部设有真空层, 保温时间长达6~12小时	保温时间因使用环境而异	保温时间更长, 超过一般竞品的保温效果
轻便实用	容器壳采用聚酯树脂材质, 轻便耐用	-	更适合办公室白领的日常携带
外观设计	设计简约时尚, 展现个性化品位	-	与竞品相比更具吸引力和个性化
价格	-	价格较高	-

图 6-8 ChatGPT 呈现的竞品分析表格

（5）撰写文案

给到 ChatGPT 的指令如下。

请融合以上所有的信息, 包括客户需求与喜好、产品卖点与优势、客户异议的解决、竞品对比的差异, 帮助我生成一篇 200 字的电商销售文案, 要求能引起读者的购买欲望。

ChatGPT 撰写的文案, 如图 6-9 所示。

⑤ **ChatGPT**

在繁忙的办公生活中，您是否也渴望一杯热茶或冰水来提神解渴？我们的时尚保温杯完美满足您对温度的需求。采用316不锈钢内胆及BPA Free环保材料，健康无忧；内部真空层设计，保温时间长达6～12小时，超越竞品；轻便聚酯树脂外壳，方便携带。与普通保温杯相比，我们的产品更具品质保障和实用性。针对您可能的顾虑，我们承诺保温效果可靠，材质安全健康。同时，与竞品对比，我们的保温时间更长，外观更时尚。无论您是办公室白领还是时尚爱好者，都能在关键意见领袖的选择中找到我们的身影。选择我们的时尚保温杯，让每一次饮品都成为呵护自己的温暖时刻。

图 6-9 ChatGPT 撰写的文案

三、评估优化

在这一步骤中，我们需要针对初版文案做调整，优化细节。指令参考如下。

- 请在此基础上精简文字，只突出产品优势。
- 请根据以上文字，生成电商详情页文案。
- 请再多加一些使用产品时的场景细节描写。
- 请在此基础上，用"FABE 利益推销法"[F：Features（特征）即产品的基本特征或属性；A 代表 Advantage（优点）即产品特点带来的优势或好处；B 代表 Benefits（利益）即产品能为顾客带来的利益或解决顾客问题的方案；E 代表 Evidence（证据）即提供支持上述说法的证据，如数据、研究、客户评价等] 的结构修改文案。

ChatGPT 会针对以上指令做调整，输出更有吸引力的文案，如图 6-10 所示。

⑤ **ChatGPT**

在繁忙的办公生活中，您是否也渴望一杯热茶或冰水来提神解渴？我们的时尚保温杯完美满足您对温度的需求。

特点（Features）：采用316不锈钢内胆及BPA Free环保材料，健康无忧；内部真空层设计，保温时间长达6～12小时，超越竞品；轻便聚酯树脂外壳，方便携带。

优势（Advantages）：与普通保温杯相比，我们的产品更具品质保障和实用性，保温效果可靠，材质安全健康。

图 6-10 ChatGPT 撰写的电商详情页文案

> **好处（Benefits）**：无论是在冬日享受热茶的温暖，还是在夏日畅饮冰水的清凉，我们的时尚保温杯都能为您提供长时间保温的完美体验，让您随时随地都能享受到温暖或清凉的饮品。
> **证据（Evidence）**：与竞品对比，我们的保温时间更长，外观更时尚。同时，作为众多关键意见领袖的选择，我们的产品深爱用户喜爱，信誉卓越。
> 选择我们的时尚保温杯，您不仅可以获得健康与安全，还能享受到更长久的保温效果和更时尚的外观。让每一次饮品都成为呵护自己的温暖时刻。

图 6-10 （续）

通过以上所有的指令，AI 化身"销售大牛"，帮助我们细致地分析消费者的需求和喜好，将产品特性转化为引人注目的销售亮点。它巧妙地应对了客户的潜在异议，并通过与竞品的比较，凸显了产品的独特卖点。最终，AI 整合了所有信息，生成了一份电商销售文案。

尽管这份文案在独创性方面尚有提升空间，但它在销售逻辑上表现出色。我们只需在现有基础上进行适当的润色和调整，加入独特的个人风格，就能使其更加完美。

6.3.2　让 AI 扮演客户，以用户视角来思考

用户研究与洞察是写文案重要的一环。通过深入了解客户，我们可以更好地理解他们的需求、偏好和行为，进而编写出符合他们兴趣的文案，以便更好地完成转化。

如今，有了 AI 的帮助，我们可以让它扮演客户的角色，像客户一样思考。之后，我们进一步利用结构化的访谈提纲与其进行对话，可以实现更好的沟通。

对于访谈提纲的设计，我们可以借用"ORID 焦点讨论法"，引导消费者反映与表达自身的感受并进行深入思考。具体来说，包括客观性问题、感受性问题、理解性问题、决定性问题四个逻辑框架。

（1）客观性问题（objective）：它是对消费者的客观现象描述、真实数据与信息的收集。

（2）感受性问题（reflective）：它是在客观事实的基础上，引导消费者对访谈主题的感受进行描述，例如可以对用户的情绪、直觉体验等方面进行提问。

（3）理解性问题（interpretive）：它是基于上一阶段感受的描述之后，对客观事实进行深入探索，需要引导消费者表达出他体验感受背后的逻辑，阐述对客观事物的理解、分析与解释。

（4）决定性问题（decision）：它是引导消费者基于对自身的理解和认知，提出他切身所需的建议方向。

在了解 ORID 的基本概念之后，我们借助 AI，来到真实的访谈场景。具体思路如下：**说出背景、设定角色 + 下达 ORID 访谈提纲 + 文案撰写**。

一、说出背景，设定角色

对 AI 说出此次任务的背景，并给它赋予目标客户的角色，让它知道自己是谁，将会做什么……

指令：公司想要开拓新的订购水果业务，服务对象是写字楼白领，具体业务是为其提供新鲜、营养、搭配合理的水果（整个或者鲜切）。需要了解目前白领每日水果获得的渠道、摄入的时间、有无需求痛点以及新的需求点。地点是北京、上海等一线城市，平均通勤时间较长，中午无法回家。

下面，请你成为我们业务的目标客户，也就是写字楼白领，我会对你进行访谈，了解你的需求。准备好了吗？

二、下达 ORID 访谈提纲

（1）问客观性问题，了解消费者的背景
访谈从客观性问题开始切入，包括询问消费者的个人信息、生活习惯等方面的问题，以便更好地理解消费者后续的相关行为、态度。

指令1：可以简单介绍一下您的基本情况吗？比如年龄、职业、家庭情况、兴趣爱好之类的，帮助我们更好地了解您。

ChatGPT给到的回复，如图6-11所示。

> **ChatGPT**
> 当然，我很乐意介绍一下我的基本情况。
> 我是一个30岁的年轻白领，目前在一家跨国公司担任市场营销经理的职务。我是单身，目前没有家庭情况。工作之余，我喜欢运动，尤其是慢跑和羽毛球。我也很注重健康饮食，努力保持良好的生活习惯和饮食习惯。由于工作繁忙，我通常中午无法回家用餐，因此在工作场所附近购买水果成为我维持能量和健康的一个重要方式。

图6-11　ChatGPT回复访谈问题

指令2：您一天吃几次水果？且都是什么时间吃呢？

ChatGPT给到的回复，如图6-12所示。

> **ChatGPT**
> 我通常一天吃两次水果。第一次是早上上班前，我会在家吃一份水果，通常是一个苹果或一根香蕉。这有助于我在开始一天的工作前获得一些能量。第二次是下午工作间隙，通常在下午3点到4点之间，我会吃一份水果作为下午茶，以帮助我维持精力和注意力。

图6-12　ChatGPT回复访谈问题

指令3：您都是从哪里购买水果？

ChatGPT给到的回复，如图6-13所示。

> **ChatGPT**
> 我通常从附近的超市或者便利店购买水果。由于工作繁忙，我更倾向于选择离办公室比较近的地方购买，以节省时间和精力。超市和便利店提供各种水果，而且购买方便，所以我经常选择在这些地方购买水果。

图6-13　ChatGPT回复访谈问题

（2）问感受性问题，了解消费者的体验感受

询问销售者使用产品的全部感受，了解他喜欢什么，不喜欢什么，并收集他进行选择的依据和判断的标准。

指令1：您在超市或者便利店购买水果，有没有遇到什么问

题？体验评价如何？

ChatGPT 给到的回复，如图 6-14 所示。

> **ChatGPT**
> 在超市或者便利店购买水果的体验一般而言是比较方便的，但有时也会遇到一些问题。
> 一方面，这些地方通常提供了各种各样的水果，但是有时候水果的新鲜度和品质可能会有所不同，我经常需要仔细检查水果以确保它们符合我的要求；另一方面，有时超市或便利店的水果价格较高，而且选择可能有限，特别是某些季节或者特定时间。此外，在繁忙的时段购买水果时，可能需要排队等待，这会花费一些时间。
> 总体而言，我对在超市或便利店购买水果的体验是中等偏上的。购买水果的方便性是一个优势，但有时候水果的品质和价格可能会让我感到不太满意。

图 6-14　ChatGPT 回复访谈问题

指令 2：你喜欢什么样的水果？选择水果的依据是什么？

ChatGPT 给到的回复，如图 6-15 所示。

> **ChatGPT**
> 我喜欢各种各样的水果，但特别偏爱那些口感清爽、多汁、甜度适中的水果，比如苹果、香蕉、草莓、葡萄等。我选择水果的依据主要是新鲜度和品质。当我选购水果时，我会检查水果的外观，看看它们是否有任何明显的损伤或瑕疵，同时我也会观察水果的颜色和大小是否符合我的期望。此外，我会轻轻按压水果以感受它们的成熟度和硬度，以确保我购买到的水果口感良好。最后，我也会关注水果的产地和季节性，因为我更倾向于选择当季新鲜的水果。

图 6-15　ChatGPT 回复访谈问题

（3）问理解性问题，引导消费者进行思考

这个阶段引导消费者对买水果这件事进行一系列思考，了解他们深层次的动机。

指令 1：在便利店和超市购买水果遇到的这些问题对你产生了什么影响？

ChatGPT 给到的回复，如图 6-16 所示。

> **ChatGPT**
> 这些问题对我产生了一些影响，主要表现在以下几个方面。
> 1. **选择受限制影响健康饮食习惯**：有时候超市或便利店的水果选择有限，可能无法满足我对多样性和新鲜度的需求。这可能导致我在营养摄入方面的不足，或者导致我选择其他不太健康的零食替代水果。

图 6-16　ChatGPT 回复访谈问题

2. **时间成本增加**：在购买水果时需要花费时间排队等待或者寻找适合的水果，这会增加我的购物时间成本。对于一个工作繁忙的白领来说，时间是非常宝贵的资源，我更希望能够高效地完成购物任务。

3. **价格不确定性**：有时超市或便利店的水果价格可能较高，这可能会影响我的购买决策。如果价格太高，我可能会考虑减少购买量或者选择其他更便宜的替代品，这可能影响到我每日水果摄入量。

综上所述，这些问题使得我在购买水果时需要更多地考虑各种因素，包括价格、品质、选择和时间成本等，有时可能会影响到我的健康饮食习惯和购物体验。

图 6-16 （续）

指令 2：除了在超市或便利店购买水果外，你还有哪些购买水果的渠道？

ChatGPT 给到的回复，如图 6-17 所示。

ChatGPT
除了在超市或便利店购买水果外，我还会考虑其他一些购买水果的渠道，例如：
1. **农贸市场**：农贸市场通常提供更多样化和新鲜的水果，而且价格相对较低。我可以在农贸市场找到当季的水果，并且可以直接和摊主交流，了解更多关于水果的信息。
2. **线上购物平台**：一些线上购物平台也提供了水果的购买服务，我可以通过手机或电脑在家或者办公室直接下单购买。线上购物的便利性和选择性可能会比超市或便利店更好，而且有时候也会有一些优惠活动。
3. **水果配送服务**：一些专门的水果配送服务会将水果直接送到我的办公室或者家里。这种服务通常会提供更为便利的购买体验，我可以选择自己喜欢的水果种类和数量，然后由配送服务直接送到指定地点。
这些购买水果的其他渠道可以提供更多的选择和便利性，有时候也能够获得更好的价格和品质。因此，在选择购买水果时，我会根据实际情况考虑以上不同的购买渠道。

图 6-17 ChatGPT 回复访谈问题

（4）问决定性问题，探索用户的问题与期待

决定性问题，通过探知用户下一步的行为来进一步了解用户的需求，并发掘潜在的优化机会。

指令 1：如果我们的订购水果业务，会按照您选定的时间（通常是早上、白天）配送鲜切水果，并提供搭配建议（补充维生素C、水分、美颜、护肤、通肠胃等），可以解决您遇到的问题吗？

ChatGPT 给到的回复，如图 6-18 所示。

ChatGPT
是的，您提供的订购水果业务方案听起来能够有效解决我遇到的问题。
首先，按照我选定的时间配送鲜切水果，可以极大地提高我购买水果的便利性。我不需要特意去

图 6-18 ChatGPT 回复访谈问题

超市或便利店购买水果，而是可以直接在办公室或者家里收到新鲜的水果。这节省了我的购物时间成本，也增加了我购买水果的便捷性。

其次，提供搭配建议也是非常有用的。有了搭配建议，我可以更好地了解到每种水果的营养成分和功效，根据自己的需求选择合适的水果。例如，如果我需要补充维生素C，可以选择含有丰富维生素C的水果；如果我需要补充水分，可以选择含有高水分的水果；等等。这样的搭配建议可以帮助我更科学地饮食，保持健康饮食习惯。

综上所述，您提供的订购水果业务方案能够很好地解决我在购买水果过程中遇到的问题，提高了购买水果的便利性和品质，并且提供了个性化的健康饮食建议，非常适合像我这样的白领人群。

图 6-18 （续）

指令 2：你对于订购水果的顾虑是什么？

ChatGPT 给到的回复，如图 6-19 所示。

ChatGPT
我的主要顾虑是关于水果的新鲜度和品质是否能够得到保证，以及配送服务的可靠性和准时性。由于我注重健康和营养，所以我希望订购的水果能够保持新鲜、美味，并且符合食品安全标准。此外，我也担心配送服务可能存在延迟或者配送过程中出现损坏等问题，这可能会影响到我按时获取水果的时效。因此，我希望订购水果的服务能够提供可靠的保障，确保我能够按时、方便地获取到高质量的水果。

图 6-19 ChatGPT 回复访谈问题

指令 3：关于订购水果服务，你还有哪些期望点？

ChatGPT 给到的回复，如图 6-20 所示。

ChatGPT
除了以上提到的关于水果品质、配送服务、价格和灵活性等方面的期望外，我还有一些其他的期望点，包括：

1. **定制化选择：** 希望订购水果服务能够提供定制化的选择，根据我的口味偏好和健康需求，提供个性化的水果组合或者搭配建议。
2. **健康信息透明度：** 希望能够清晰地了解到订购水果的信息，包括营养成分、产地信息、采摘时间等，以帮助我作出更健康的选择。
3. **环保可持续性：** 希望订购水果的服务能够注重环保可持续性，选择环保包装材料，提倡减少食物浪费，促进农业可持续发展。
4. **优惠和奖励：** 希望能够享受到订购水果服务的优惠和奖励，比如定期折扣、积分兑换或者会员特权等，以增加服务的吸引力和竞争力。
5. **用户体验优化：** 希望订购水果服务能够不断优化用户体验，提供友好的网站或者应用界面，简化订购流程，提供方便快捷的客户服务等，以提高用户满意度和忠诚度。

图 6-20 ChatGPT 回复访谈问题

结合 ORID 的方法，与 AI 进行互动，层层递进地推动访谈目标。所有的访谈内容，都会为文案撰写提供精准的素材。

三、文案撰写

指令：请融合以上所有的访谈内容，为订购水果的服务，写一段宣传推广文案。要求：呈现细节描写、场景描写，有互联网网感，表述具体，200 字。

ChatGPT 撰写的文案，如图 6-21 所示。

ChatGPT

在繁忙的城市生活中，每个人都渴望拥有一种健康的生活方式。想象一下，清晨的阳光透过窗帘洒落在您的床上，手机闹钟响起，您从舒适的被窝中醒来，预订了今日的"鲜果到家"服务。您轻轻按下手机上的订购按钮，指尖舒展间，已有新鲜水果在路上了。

午后办公室的时间，您打开办公室门，发现一份色彩鲜艳的水果篮已经摆放在您的桌子上。苹果、香蕉、橘子，每一个都散发着迷人的清香，展现出诱人的色彩，仿佛在诉说着来自大自然的恩赐。

您享受着每一种水果的新鲜口感，感受着它们带给您的能量和活力。

而在晚间，您坐在温馨的家中，浏览"鲜果到家"的手机App，与其他用户分享您的水果美食心得，交流健康生活经验。这不仅是一份水果订购服务，更是您健康生活的管家，为您带来的不仅是水果，更是一种健康的生活方式。立即体验：www.xianguodaojia.com 📱 ☆

图 6-21　ChatGPT 撰写的推广文案

通过 AI 的角色扮演和 ORID 访谈提纲的运用，我们能够更好地理解客户的心理和需求，在提升撰写效率的同时，也能创作出更加贴近客户心声的文案作品。

6.3.3　让 AI 像广告人一样，长出"创意表达脑"

AI 可以输出有逻辑的内容、有框架的内容、专业的内容，甚至是很像某个领域专家研究的内容，但是在创意表达上缺乏个性。如果不想让文案千篇一律，就需要提前训练一下 AI，让它长出"创意表达脑"。

简单的方法就是，把富有创意的材料案例投喂给 AI，让它解析学习，再"依葫芦画瓢"进行输出。这种方法下，AI 可以写出各种各样风格的文案，独特且有创意。

1. 输出"脱口秀"风格的文案

指令：

定义角色

你是一个广告创意人，非常擅长创意表达。你有一个有趣的灵魂，擅长讲脱口秀，能用更出其不意、诙谐、幽默的方式表达出来，让用户会心一笑，从而愿意把这句话语自发传播出去。

完成任务

一会儿我会给你一些内容，到时根据我输出的话语，用更具创意的方式，表达出来。

任务步骤

我用【 】给你一句话，根据【 】中的话，思考一个奇特、有内涵、让用户出其不意的表达角度，并以这个角度，创作一句与【 】中话语原意相同的话。

任务要求

1. 生成的话语要让用户觉得很幽默。

2. 要能打破用户的思维惯性，出其不意。

3. 生成的话语要简短、精练。

接下来给 AI 投喂"示例"，让它学习并解析其中的表达技巧。

指令：请学习下面两则示例，解析其中的表达技巧。

1.【对不起，网页已经拉到底了】

创意表达：亲，别拉了，我是有底线的，再拉，底裤都要被你扒了。

2.【来我们整容医院整容后，你会变得很年轻】

创意表达：请不要同刚刚走出本院的女人搭讪，她或许就是你的外祖母。

请帮助我分析这两个示例中所用到的创意方法。

ChatGPT 学习示例，并分析示例背后的写作技巧，如图 6-22 所示。

> **ChatGPT**
> 这两个示例都运用了夸张和出其不意的表达方式，以幽默的角度切入，达到引起用户注意的目的。
>
> 1. **对不起，网页已经拉到底了**
>   - 这句话表达了网页已经无法再向下滚动的状态，但创意地将这种情况比喻为拉到底裤的程度，通过夸张和隐喻来增加幽默感。
>   - 技巧：夸张、隐喻
> 2. **来我们整容医院整容后，你会变得很年轻**
>   - 这句话本义是表达在整容医院接受整容手术后会让人看起来年轻，但用外祖母这一角色来搞笑地暗示了整容可能会导致年龄上的误解。
>   - 技巧：比喻、出其不意
>
> 总体而言，这两个示例都通过夸张、隐喻或比喻等手法，巧妙地打破了用户的思维惯性，给人以意外之感，从而达到了幽默的效果。

图 6-22 ChatGPT 对示例的学习与分析

指令：非常好，下面请用你学到的方法，帮助我对下面三句话进行创意表达。

【报名绘画课程，开启艺术探索之旅】

【限时限量，欲买从速】

【选择我们，让生活更舒适】

ChatGPT 模仿示例后写出的文案，如图 6-23 所示。

> ⑤　**1.【报名绘画课程，开启艺术探索之旅】**
> 创意表达：报名我们的绘画课程，开启一场色彩魔法之旅，画笔将带你发现奇妙新世界！
>
> **2.【限时限量，欲买从速】**
> 创意表达：想要梦寐以求的宝贝？抓紧时间，否则只能在梦里遇见它！
>
> **3.【选择我们，让生活更舒适】**
> 创意表达：选择我们，让你的生活像泡在温暖的阳光里，舒适自在每一天！

图 6-23 ChatGPT 模仿示例输出的文案

尽管目前的内容尚未达到最佳效果，但通过 AI 的转化，我们已能看到一些创新的火花。对于未完全符合预期的部分，我们需要持续提出改进要求，并耐心进行至少两轮的细致调整，以进一步提升创意表达的成效。

2. 输出"李欣频"风格的文案

"文案天后"李欣频，把广告与艺术奇妙融合，她的每一篇文案都具有诗性美，特立独行的语言风格极富个性，让每个人都能感受到其中的美感。

哪怕是大多数人默认枯燥无趣的销售型促销广告，比如满 100 减 50、第二杯半价、3000 抵 5 万，它们可能是高转化字眼，但却看不到任何文案的乐趣。李欣频给"诚品书店"写的促销文案，却有着耐人寻味的乐趣。文案片段如下。

1000 元买不到一副眼镜

却可以买到比尔·盖茨的眼光

1000 元看不到几次心理医生

却可以买到一辈子受用的 EQ 智慧

1000 元请不到一位趋势顾问

却可以买到爆米花报告的未来商机

文案通过"眼镜"与"比尔·盖茨的眼光"、"心理医生"与"一辈子受用的 EQ 智慧"、"趋势顾问"与"爆米花报告的未来商机"等几组事物的对比，来提高读者对于"1000 元能买到什么"的感知程度，然后套入"排比"的句式中进行表达，增强了说服的气势。

下面，我们借助 AI 工具，写出具备"李欣频"风格的文案。指令如下。

定义角色

你是一位广告创意人，喜欢模仿李欣频的文案风格。她是著名广告人，非常擅长用想象力放大通俗的语境，打破词语的固有拼接，赋予词语冲突，营造拟人、比喻、具象等新鲜的文字观感，创作出朗朗上口的文案。

示例投喂

如下是一则李欣频写过的文案，请学习并解析其中的表达技巧。

《过期的旧书，不过期的求知欲》

过期的凤梨罐头，不过期的食欲；

过期的底片，不过期的创作欲；

过期的 PlayBoy，不过期的性欲；

过期的旧书，不过期的求知欲。

全面 5～7 折拍卖活动，

货品多，价格少，供应快。

知识无保存期限，

欢迎旧雨新知前来大量搜购旧书，

一辈子受用无穷。

ChatGPT 学习示例，分析示例背后的写作技巧，如图 6-24 所示。

> **ChatGPT**
>
> 这则文案的精彩之处在于李欣频将过期的旧书与不过期的求知欲进行了对比，通过类比的手法，将两者联系在一起，突出了求知的重要性，并以幽默诙谐的方式表达出来。以下是解析：
>
> 1. **比喻和拟人手法**：作者通过将过期的物品（如凤梨罐头、底片、PlayBoy）与人的欲望（食欲、创作欲、性欲）相联系，形成了对比。这种比喻和拟人的手法使得文案更加生动、有趣，让读者产生共鸣。
> 2. **冲突营造**：通过将"过期的"与"不过期的"概念放在一起，制造了对比和冲突，引起读者的注意。这种对比让人产生思考，引发共鸣，同时也为广告的主题（拍卖过期旧书）打下了铺垫。
> 3. **朗朗上口的节奏**：文案采用平铺直叙的节奏，每个词语都简练而有力，韵律感强，容易被人记忆。特别是最后一句"一辈子受用无穷"，更是为广告增添了吸引力，让人觉得拥有这些过期的旧书是一种智慧的选择。
>
> 综上所述，这则文案成功地利用了比喻、拟人和对比的手法，以及朗朗上口的节奏，使得整体文案生动、有趣，同时又能达到广告的宣传效果。

图 6-24　ChatGPT 对示例的学习与分析

任务目标

请模仿以上的文案风格，给一场珠宝艺术展写一段文案。

ChatGPT 模仿示例后写出的文案，如图 6-25 所示。

> ⊙ **ChatGPT**
> 《闪耀的宝石，永恒的艺术》
> 过去的石英钟，不过期的时间之美；
> 陈旧的画框，不过期的艺术之魂；
> 沉睡的王冠，不过期的王者之威；
> 珠宝的艺术展，绽放光彩，永恒追寻。
> 品类丰富，风格多变，每一件作品都是一场视觉盛宴，一段历史传承。欢迎所有热爱美的灵魂，前来领略艺术与珠宝的完美交融，让心灵在闪耀中得到升华，永远不会过期的奢华盛宴。

图 6-25　ChatGPT 模仿示例输出的文案

遵循上述指令，我们已经得到了具有李欣频风格的文案。尽管这份文案在某些方面还有待改进，但其质量已达到 70 分以上。为了进一步提升文案质量，我们可以要求 AI 生成多个版本的文案，然后对其进行比较和选择。

3. 输出"开脑洞"风格的文案

"开脑洞"的文案，一个重要的技法就是"比喻"。"开脑洞"的比喻，内核是"旧元素的新组合"，就像不同的酒混合调制，结果得到一杯彩虹鸡尾酒。给人一种"'哇！怎么还能这样？'然后过了一会想，'哇！真的是这样！'"的感觉。

比如，中国台湾意识形态广告公司的许舜英形容周末为"星期天是时间的郊区"，形容新人类为"新人类是一种回春药"。旧元素以出人意料的方式重新组合，用比喻给读者想象空间和思考方向。

印度文案大师 Freddy Birdy 因写过许多打动人心的公益广告文案而出名，其中有一篇文案的题目是"有时，孤独像关节炎一样痛"。初看这个题目，你可能一愣，心想关节炎怎么能和孤独联系在一起？然后才恍然大悟，好像是的，孤独也是那种隐隐的痛，看不见的痛，就像关节炎一样，好像是老人的慢性病。想到这儿，你会有心领神会的感受。

下面，我们就利用 AI 工具，输出一个"开脑洞"风格的文案。指令如下。

定义角色

你是一位广告创意人，非常擅长"比喻"修辞手法的运用。

比喻一般由三部分组成，即本体（被比喻的事物）、喻体（作比方的事物）和比喻词（比喻关系的标志）。比喻就是找到本体与喻体两个元素之间的相似性，用一物喻另一物，关联在一起。

你不仅仅会运用比喻，还会打开"脑洞"，突破思维的局限，跳出常规的思维框架，将两个差异很大的事物用比喻联系在一起，创造出新颖有趣的观点、想法或作品。

示例投喂

星期天是时间的郊区

新人类是一种回春药

有时，孤独像关节炎一样痛

任务目标

请你利用"开脑洞"的比喻，分别给手机、电脑、鼠标写一段文案。

任务要求

要求内容简练、有趣，读起来意味深长。

ChatGPT 了解任务指令后，输出的内容如下。

> 手机:它是社交的魔术师,将人与人之间的距离缩短到触手可及的范围。
>
> 电脑:宛如现代人的魔法书,打开它,世界的奥秘尽在掌握。
>
> 鼠标:它是数字大海的指南针,轻盈灵巧,带你穿梭在网页的浪潮中,寻找你心之所向。

AI 输出的内容,创造了新颖的比喻,增加了对想象力的刺激。只要在此基础上进行更深一层的思考与润色,我们也能写出"脑洞大开"的文案。

在本节内容中,通过赋予 AI 不同的角色身份,它能够以销售专家、客户、广告创意人等多重视角,审视和分析文案。由此可见,AI 就像一个"智囊团",与我们共同参与创作,使得文案撰写过程变得更加轻松和高效。

后 记

感谢您翻到最后一页。这本书对我而言，不仅是知识的传递，更是一段深刻的自我探索和发现之旅。在这本书中，我将多年积累的文案经验重新揉碎总结，构建起一套属于自己的系统思维逻辑。作为一个摆弄文字的人，我对此乐此不疲。

写文案对于很多人来说，是一场孤独的修行。没有激励，经常被毒打，时常会迷茫，并非每个人都有机会接受专业机构如 4A 公司的系统培训，只靠着心底微弱的光踽踽独行。

然而，从 60 分到 90 分的过程，我们并不孤单，因为有彼此的陪伴，甚至还有 AI 这位助手朋友，以及丰富的知识和经验可供学习和借鉴。在本书中，我尽力覆盖了文案写作的各个关键方面，但仍有一些细节未能详尽展开。我将在未来的工作中继续探索这些领域，并与您分享更多的洞见和经验。

在此，我衷心感激所有在这个过程中给予我帮助和支持的朋友们，感谢你们在我迷茫时指引方向，在我心力不足时提供力量。没有你们，这本书不可能问世。

最后，愿《高转化文案这样写》能照亮大家的文案营销之路，让我们携手，共同在这条路上成长与进步。